国家自然科学基金资助项目"创业经验、连续创业能力与创业绩效的关系研究"（71372165）

河南省哲学社会科学规划项目"基于创业生态系统的新创企业商业模式创新研究"（2019BJJ061）

The Effects of Decision-making Logics and Entrepreneurial Learning on Novelty-centered Business Model Design in New Ventures

决策逻辑和创业学习对新创企业新颖型商业模式设计的影响研究

王玲玲◎著

经济管理出版社
ECONOMY & MANAGEMENT PUBLISHING HOUSE

图书在版编目（CIP）数据

决策逻辑和创业学习对新创企业新颖型商业模式设计的影响研究/王玲玲著 . —北京：经济管理出版社，2019.9

ISBN 978 – 7 – 5096 – 6763 – 7

Ⅰ. ①决… Ⅱ. ①王… Ⅲ. ①企业管理—商业模式—研究 Ⅳ. ①F272

中国版本图书馆 CIP 数据核字（2019）第 149120 号

组稿编辑：胡　茜
责任编辑：任爱清
责任印制：梁植睿
责任校对：王淑卿

出版发行：经济管理出版社
　　　　　（北京市海淀区北蜂窝 8 号中雅大厦 A 座 11 层　100038）
网　　址：www.E – mp.com.cn
电　　话：（010）51915602
印　　刷：北京晨旭印刷厂
经　　销：新华书店
开　　本：720mm×1000mm/16
印　　张：12.75
字　　数：212 千字
版　　次：2019 年 10 月第 1 版　2019 年 10 月第 1 次印刷
书　　号：ISBN 978 – 7 – 5096 – 6763 – 7
定　　价：69.00 元

·版权所有　翻印必究·

凡购本社图书，如有印装错误，由本社读者服务部负责调换。
联系地址：北京阜外月坛北小街 2 号
电话：（010）68022974　　邮编：100836

前　言

　　基于新一代信息技术的商业模式创新改变了企业的竞争优势来源和价值创造方式。对新创企业来说，其商业模式创新是通过新颖型商业模式设计来实现的，它是新创企业避免同质化竞争方式，实现生存和快速成长的关键。在实践中，一大批新创企业（例如微信、支付宝等）均通过新颖型商业模式设计获得了竞争优势，但仍有众多新创企业未能实现，很多创业者对于如何实现新颖型商业模式设计存在诸多困惑。如何根据所处环境开展新颖型商业模式设计，成为创业者和理论研究者共同关注的问题。

　　以往研究分别从理性定位、演化和认知三个视角探讨了如何实现新颖型商业模式设计的问题。其中，前两种视角重点关注外部环境的作用，而对企业能够控制的认知变量关注较少。针对这一不足，最新的研究开始从认知视角分析决策者的认知范式对商业模式设计的影响，该视角以微观的解释机制强调认知的作用，不仅为商业模式设计的研究开辟了新的视角，也为进一步揭示前两种视角的认知范式奠定了基础。然而，认知视角的研究才刚起步，尚未深入分析认知范式对新颖型商业模式设计的影响机理，对如何实现新颖型商业模式设计也存在观点上的争论。

　　基于效果理论，本书从认知视角提出，新颖型商业模式设计的实现途径之所以出现观点争论，其中一个重要原因是学者关注的潜在决策逻辑不同。一些学者强调因果逻辑对新颖型商业模式设计的重要作用，而另一些学者则强调效果逻辑的重要作用。观点的争论说明，需要进一步理清两种决策逻辑分别对新颖型商业模式设计的作用机理、边界条件及中介路径。而现有研究缺乏对上述问题的深入分析，致使新颖型商业模式设计的实现机理依然不清晰，从而难以指导新创企业实现新颖型商业模式设计。

针对上述不足，本书整合效果理论、组织学习理论和商业模式的文献，按照"认知—行为—结果"的逻辑主线构建了决策逻辑、创业学习和新颖型商业模式设计间关系的概念模型。研究内容主要包括以下三个方面：首先，识别并验证了因果逻辑和效果逻辑对新颖型商业模式设计的不同影响，厘清了两者各自的权变条件；其次，在区分经验性学习和获得性学习的基础上，探讨了两类创业学习在决策逻辑影响新颖型商业模式设计的过程中所发挥的中介作用；最后，构建了一个被调节的中介模型，分析了不同形式的市场不确定性是否会影响创业学习在上述关系间的中介作用。运用陕西省159家新创企业数据展开的实证分析进一步表明，本书构建的理论模型基本得到了调研数据的支持。研究结论可在一定程度上弥补当前研究的不足，丰富了效果理论、组织学习理论和商业模式领域的研究成果，同时对新创企业商业模式管理实践具有重要的指导意义。

与以往研究相比，本书的创新点主要体现在以下三个方面：

第一，识别并验证了两种决策逻辑（因果逻辑和效果逻辑）对新颖型商业模式设计的不同影响，揭示了需求不确定性和竞争强度对"决策逻辑—新颖型商业模式设计"间关系的不同调节作用。当前研究对如何实现新颖型商业模式设计存在两种决策逻辑间的争论，而分析两种决策逻辑分别对新颖型商业模式设计的作用机理，并厘清各自的权变条件可在一定程度上解决当前的争论。首先，当前研究对决策逻辑如何影响新颖型商业模式设计缺乏分析和检验。基于效果理论，本书分析发现，两种决策逻辑均与新颖型商业模式设计呈正相关关系，然而效果逻辑的正向作用更强；其次，当前的权变因素研究均未进一步区分市场不确定性的类型，未能辨明不同形式的市场不确定性对不同决策逻辑作用发挥所产生的差异化影响。本书在区分市场不确定性的基础上发现，需求不确定性削弱了因果逻辑的作用而增强了效果逻辑的作用，竞争强度增强了因果逻辑的作用而削弱了效果逻辑的作用。上述结论不仅在一定程度上解决了当前的观点争论，而且通过细分市场不确定性，探明了效果理论发挥作用的边界条件。

第二，探讨了创业学习在决策逻辑与新颖型商业模式设计间关系的中介传导效应，打开了决策逻辑与新颖型商业模式设计间关系的"黑箱"。为了解决当前研究中对如何实现新颖型商业模式设计存在的争论，并清晰地阐明决策逻辑与新颖型商业模式设计间的关系，理论研究还需要揭示决策逻辑影响新颖型商业模式设计的中间过程及内在机理。以往研究不仅未对创业学习是否在决策逻辑与新颖型商业模式设计关系中发挥中介作用加以关注，而且忽视了创业学习的多维本质，难以真正阐明创业学习在商业模式设计过程中应有的作用。因此，基于效果理论和组织学习理论，在区分经验性学习和获得性学习的基础上，本书构建了决策逻辑通过两种创业学习的中介机制影响新颖型商业模式设计的概念模型。并通过对中介作用的比较进一步发现，相较于经验性学习，获得性学习发挥更大的中介作用。上述结论不仅从过程视角拓展了效果理论，为探析决策逻辑影响新颖型商业模式设计的内在机制提供了崭新的研究思路；而且也丰富了组织学习理论在创业研究领域的应用，细致地阐明了新颖型商业模式设计的实现机理。

第三，构建了一个被调节的中介模型，揭示了市场不确定性对创业学习在决策逻辑与新颖型商业模式设计间的中介作用所发挥的调节作用。根据近年来学者对中介过程"边界效应"的研究探索，本书结合市场不确定性的不同表现形式深入分析两者对创业学习中介作用产生的影响。以往研究认为，新颖型商业模式设计是一个学习过程，且学习效果受到市场不确定性的影响，但以往研究对如何根据不同类型的市场不确定选择匹配的学习方式缺乏深入分析。本书在区分市场不确定性的基础上发现，在竞争强度高的环境中，相较于经验性学习，获得性学习在促进新颖型商业模式设计方面发挥更大作用。并且，竞争强度水平越高，获得性学习在决策逻辑和新颖型商业模式设计间发挥的中介作用越强。这一结论不仅深化了对创业学习与新颖型商业模式设计间关系的认识，探明了创业学习中介作用的边界条件，而且进一步促进了两类研究"创业学习—新颖型商业模式设计"和"决策逻辑—新颖型商业模式设计"的交叉和融合，推动了效果理论和组织学习理论的整合，丰富了商业模式研究的理论基础。

目　录

第一章　绪论 …………………………………………………………… 1

　第一节　实践背景 …………………………………………………… 1

　第二节　理论背景 …………………………………………………… 5

　　一、商业模式 ……………………………………………………… 5

　　二、理论基础 ……………………………………………………… 6

　　三、新颖型商业模式设计的研究现状 …………………………… 7

　第三节　现有研究的不足 …………………………………………… 9

　　一、对于采取哪种决策逻辑实现新颖型商业模式设计存在
　　　　观点的争论 ……………………………………………………… 9

　　二、对决策逻辑影响新颖型商业模式设计的过程缺乏足够的
　　　　关注 ……………………………………………………………… 10

　　三、忽视了不同形式的市场不确定性对创业学习作用发挥的
　　　　影响 ……………………………………………………………… 11

　第四节　主要研究问题和研究意义 ………………………………… 12

　　一、研究问题的提出 ……………………………………………… 12

　　二、研究意义 ……………………………………………………… 16

　第五节　研究框架安排 ……………………………………………… 17

第二章 文献综述 …… 19

第一节 商业模式研究评述 …… 19
一、商业模式的相关研究 …… 19
二、新颖型商业模式设计的相关研究 …… 26
三、现有研究的不足和展望 …… 31

第二节 效果理论研究评述 …… 33
一、效果理论的提出背景和核心概念 …… 33
二、效果理论的研究进展 …… 39
三、效果理论的研究不足与展望 …… 43

第三节 组织学习理论研究评述 …… 44
一、组织学习的内涵和分类 …… 45
二、创业学习的相关研究 …… 47
三、结论与未来展望 …… 57

第四节 环境不确定性研究总结 …… 59
一、环境不确定性的提出和来源 …… 59
二、环境不确定性的内涵和维度 …… 61
三、环境不确定性的测量 …… 64

第三章 理论模型和假设提出 …… 67

第一节 概念界定 …… 67
一、新颖型商业模式设计 …… 67
二、决策逻辑 …… 68
三、创业学习 …… 69
四、市场不确定性 …… 70

第二节 概念模型的提出 …… 71

第三节 理论假设的提出 …… 75
一、决策逻辑和新颖型商业模式设计 …… 75
二、市场不确定性对决策逻辑作用发挥的影响 …… 80

三、创业学习的中介作用 …………………………………… 82

　　四、被调节的中介效应 ……………………………………… 88

　第四节　本章小结 ……………………………………………… 91

第四章　研究方法 ………………………………………………… 93

　第一节　数据收集 ……………………………………………… 93

　第二节　变量测量 ……………………………………………… 100

　　一、测量指标选择的基本原则 …………………………… 100

　　二、测量指标 ……………………………………………… 101

　第三节　统计分析方法 ………………………………………… 104

　　一、信度和效度分析 ……………………………………… 105

　　二、多元线性回归分析 …………………………………… 106

　　三、中介效应的检验 ……………………………………… 108

　　四、调节效应的检验 ……………………………………… 109

　　五、被调节的中介效应检验 ……………………………… 110

　第四节　本章小结 ……………………………………………… 112

第五章　实证分析与结果 ………………………………………… 113

　第一节　相关分析 ……………………………………………… 113

　第二节　信度和效度分析 ……………………………………… 115

　第三节　共同方法偏差 ………………………………………… 119

　第四节　回归分析及结果 ……………………………………… 119

　第五节　本章小结 ……………………………………………… 135

第六章　结果讨论 ………………………………………………… 137

　第一节　假设结果讨论 ………………………………………… 138

　　一、决策逻辑对新颖型商业模式设计的影响 …………… 138

　　二、市场不确定性对决策逻辑作用发挥效果的影响 …… 140

三、经验性学习和获得性学习的中介作用 ………………… 141
　　四、被调节的中介作用 ……………………………………… 144
　第二节　理论意义 …………………………………………………… 146
　第三节　实践启示 …………………………………………………… 149

第七章　结论与展望 …………………………………………………… 153
　第一节　研究的主要结论 …………………………………………… 153
　第二节　主要创新点 ………………………………………………… 154
　第三节　研究的局限性和未来研究展望 …………………………… 156

附　录 …………………………………………………………………… 158
　附录1　调查问卷A ………………………………………………… 158
　附录2　调查问卷B ………………………………………………… 161

参考文献 ………………………………………………………………… 164

后　记 …………………………………………………………………… 193

第一章 绪 论

第一节 实践背景

自从2014年李克强总理提出"大众创业、万众创新"的号召,并随后将其写入政府工作报告中予以推动以来,中国出现了一轮又一轮的创业热潮,创业的活跃度非常高。有数据显示,中国在2015年平均每天新登记注册的新创企业多达1.16万户,平均1分钟诞生了8家新创企业。2014年全球创业观察(Global Entrepreneurship Monitor,GEM)的调查数据显示,中国的创业活动指数(15.53)在全球经济体中高于美国(13.81)、英国(10.66)、德国(5.27)、日本(3.83)等发达国家。但同时,创业的失败率也高达80%,新创企业平均的成立年限不足三年,大约70%的新创企业在一年内就以失败而告终。虽然创业失败的原因有很多,但其中一个非常关键的原因是:新创企业因其自身的"新进入者缺陷",在市场竞争中往往处于劣势。如果按照同质化竞争模式,和在位企业相比,新创企业在资源、市场和能力等方面的劣势更加明显,更容易得到在位企业的竞争性报复。因此,很多新创企业往往改变同质化的竞争模式,通过新颖型商业模式设计来实现生存和发展(Schneckenberg等,2017)。例如,联通、移动和电信的商业模式基本类似,在通信市场上一直开展着激烈的竞争,而微信通过新颖型商业模式设计避免了传统的同质化竞争模式,并由此撬动了通信市场的

"奶酪"；中国四大银行的商业模式基本类似，曾长期寡头垄断着金融市场，而支付宝通过新颖型商业模式设计另辟蹊径地开发了新的机会，并获得了巨大的成功。

目前，物联网、大数据等新一代信息技术的进步和国家政策的大力支持为新创企业实施新颖型商业模式设计带来了机遇。首先，新一代信息技术的进步使各个商业主体间的链接更加实时和紧密，资源的获取和链接成本越来越低，甚至可以在全球范围内得以迅速地流通。由此产生的互联环境从根本上改变了传统的交易机制和方式，使资源短缺的新创企业可以有机会整合行业内外的资源，通过围绕新的价值主张来实现新颖型商业模式设计并获得生存和成长。其次，我国政府也在制定各种政策，例如，2015年国务院相继出台《关于积极推进"互联网+"行动的指导意见》以及《中国制造2025》等，来积极鼓励新创企业通过"互联网+"和制造业服务转型等途径来实现新颖型商业模式设计。

有数据显示，新颖型商业模式设计是新创企业获得生存和成功的关键。美国联合包裹服务公司（UPS）于2009年发布了《UPS亚洲商业监察》，报告显示，中国约有93%的新创企业选择通过新颖型商业模式设计来应对不确定的外部环境。通用公司2013年全球创新调查报告显示，大多数创业者（52.5%）将新颖型商业模式设计视为企业战略的首要任务和企业获得成功的主要原因；另外一份来自全球26个国家的企业调查报告显示，大部分新创企业都将其成功归因于商业模式创新（Martins等，2015）。

实践中，一大批新创企业确实通过新颖型商业模式设计获得了生存并取得了巨大的成功。以腾讯为例，其新颖型的商业模式就是以强大的免费社交软件吸引了庞大的客户群体，通过为用户提供全新的价值主张、需求和体验逐步实现了价值的创造和捕获。具体来说，首先，腾讯在1998年最初创立时，互联网普及率非常低，其最初的业务是提供无线互联网的寻呼解决方案。在机缘巧合下，马化腾接触到了世界上第一款网络即时通信软件ICQ（可以支持在线网络聊天、传送文件、发送消息和电子邮件，被称为"网络寻呼机"），尽管当时这款软件席卷了全球，但却没有中文版，不能很好地满足中国广大用户的需求。在识别这一潜在的、巨大的市场机会后，马化腾和其团队共同开发了腾讯QQ的第一个版本。该版本在基础服务方面做得较为扎实：体积小、速度快、很稳定，还有一系列个性化的体现。由于用户体验非常好，迅速在大学校园里风靡起来，用户增长数量突飞猛进。目前，腾讯已从通信社交工具升级为链接性更强的由众多利益相关者构成的商业生态体系，该商业模式为腾讯创造了巨大的价值。其次，还有阿里巴巴，在1999年创立时，马云以用户需求为根本出发点，努力实现"让天下没有难做的生意"这一目标。它的商业模式最初是借助美国B2B（Business to Business）的概念，并结合中国实际的市场经济环境（99%的企业都是中小企业，这些中小企业是推动中国经济高速发展的引擎），将已有的B2B模式创造性地调整为新的B2B模式（Businessman to Businessman）。实践证明，该新颖型的商业模式使阿里巴巴取得了巨大的成功。最后，再以美团为例，在2010年创立之初，美国的Groupon团购网已疯狂崛起，而当时中国却没有一家团购的网站，在瞄准了这一市场空白后，王兴创办了国内第一家团购网站。通过每天推出一项精品的消费（包括餐饮、住宿、KTV、酒吧等），网民可以用低廉的价格进行团购并获得超值的消费体验。美团的服务目标就是让消费者享受到超低折扣的优质服务，该新颖型的商业模式促使美团一举获得了巨大的成功。

但是，值得注意的是，我国企业整体的商业模式创新效果不佳，很多新创企业失败的关键原因之一，就是未能真正实现新颖型商业模式设计。《2013年中国企业家成长与发展专题调查报告》以中国东部、中部和西部各个行业的创业者为调研对象，调查了创业者对本企业创新转型升级方面的自我评价。调查结果显示，相比较于产品创新、技术创新、管理创新等，创业者在商业模式创新方面的自我评价得分最低，这体现出中国新创企业整体的商业模式创新效果不佳（彭泗清等，2013）。《科学投资》杂志曾针对新创企业失败的原因做过一份调查，结果显示，高达49%的新创企业因新颖型商业模式设计不成功而失败。36氪对141家新创企业也曾做过一份调查，结果显示，新创企业失败的首要原因是资金不足，而排在第二位的原因就是未找到合适的商业模式。虽然商业模式创新效果不佳的原因很多，但其中一个重要原因在于，它和技术创新、产品创新不一样，它主要描述了新创企业如何与利益相关者构建相互依存的活动系统，涉及对整个价值创造系统的重塑。在设计这一系统的过程中，新创企业面临诸多困难，主要表现在以下两个方面。

首先，鉴于商业模式设计的复杂性，实践中对于如何实现新颖型商业模式设计流行着两种不同的观点。采用不同观点来设计商业模式均既有成功的案例，也有失败的案例，而创业者往往难以判断究竟应该采用哪种观点。其中，一种观点认为，新颖型商业模式设计的复杂性决定了新创企业在设计商业模式之初，就需要理性地分析外部环境，在对用户需求的痛点进行准确预测和把握的基础上，制定清晰的目标和商业计划，从而一步一步地实现。这种观点主要继承了战略管理中定位学派、计划学派和设计学派的思想，强调商业模式设计过程中市场调研、需求分析、商业计划书和理性设计的重要作用。在实践中，采用这种观点设计新颖型商业模式的新创企业既有成功的案例，也有失败的案例。例如，美国的网上杂货零售商 Webvan 就是采用该观点而失败的典型，而西安新打造的一条休闲旅游街区"永兴坊"却是采用该观点而最终成功的典型。而另一种观点认为，外部环境高度不确定性决定了创业者很难预料到以后市场的反应。因此，应该走一步看一步，通过不断的快速迭代、试错、试验或纠偏等方式来实现精益创业、迭代创业或"小步快跑"就是对这种观点的应用。在实践中，运用该观点来设计新颖型商业模式的新创企业也既有成功的案例，也有失败的案例。例如，小米就是通过快速迭代的方式，在充分注重用户体验的基础上，实现了新颖型商业模式设计并取得了成功。而亿佰购物、亿唐网以及共享乘车企业 Sidecar 等虽然也采用快速迭代的方法，但最终仍然以失败而告终。

其次，创业者经验的不足决定了在商业模式设计过程中需要通过不断学习来获取新知识。而学习的方式要么是基于自己先前的经验，要么是模仿他人成功的经验。在实践中，通过两种学习方式来设计商业模式均既有成功的案例，也有失败的案例。对于创业者来说，同样难以判断究竟应该采取哪种学习方式。例如，同样是强调要在某一特定领域内不断积累自身经验，发挥专家力量，从而更准确地挖掘用户潜在需求的学习方式，支付宝从最初的"根植淘宝"发展到如今的"独立支付平台"，通过对自身经验不断积累和学习，持续地为用户提供了"简单、安全、快速"的在线支付解决方案，通过不断维护和发展支付平台的功能，为用户提供了全新的价值主张和体验而最终获得了巨大的成功；而诺基亚和柯达依靠自身经验却最终失败了。此外，同样是强调要对他人成功的商业模式进行观察、借鉴和模仿的学习方式，淘宝结合中国特殊的市场环境，前瞻性地借鉴并改进了 eBay 的商业模式而获得了竞争优势；但爱日租这家专注于日租、短租房的在线预约网站公司在借鉴和照搬了 Airbnb（爱彼迎）轻资产的商业模式后依然失败了。

可见，实践中一些看似相同的观点（强调理性设计的作用，或强调试错和迭代的作用）和学习方式（基于自身经验的学习，或基于他人经验的学习），却对最终的新颖型商业模式设计带来了不同的结果。为了破解这一难题，理论研究需要阐明影响新颖型商业模式设计的关键要素及影响机制。然而，以往研究对此仍未能给出满意的答案。因此，本书试图通过新颖型商业模式设计的影响机理、影响路径及影响条件揭示不同的观点和学习方式，以便更好地指导新创企业实现新颖型商业模式设计。

第二节　理论背景

自 20 世纪 90 年代以来，商业模式就成为理论界和企业界关注的焦点。本章节简要介绍了商业模式的概念、相关的理论基础和研究现状，从而阐明本研究的理论背景。在第二章中将会对上述概念和相关理论基础进行详细的回顾和梳理。

一、商业模式

新一代信息技术所带来的互联环境使得新创企业有机会通过新颖型商业模式设计来塑造新的竞争优势，以获得生存和成长。商业模式是一种从系统层面解释企业"如何经营"的全面方法，是一个由中心企业和其利益相关者共同组成的相互依存的活动系统，其最终目的是要创造和捕获价值（Amit 和 Zott，2001；Zott 和 Amit，2010）。这一活动系统包含两组参数：设计要素和设计主题。

设计要素包括内容（商业模式运营所包含的交易活动）、结构（将不同活动内容或利益相关者连接起来的交易方式）和治理（管理这些交易活动的治理方式）；设计主题包括：锁定型、互补型、效率型和新颖型。从本质上来说，商业模式设计主题实际反映了企业价值创造的来源，是通过对商业模式设计要素加以不同的组合、连接或配置而形成的。锁定型商业模式设计强调要通过培养与利益相关者间的忠诚或信任等方式而将其牢牢锁定在自身价值网络内;互补型商业模式设计强调要加强与利益相关者的合作,从而共同向用户提供捆绑性的产品、资源或技术;效率型商业模式设计强调要降低交易成本、提高交易效率;新颖型商业模式设计强调要向用户提供全新的价值主张和体验。这四种设计主题间既不是正交(Orthogonal)的关系,也不是互相排斥的(Mutually Exclusive)的关系,彼此之间也可能会有一些或强或弱的联系(Zott 和 Amit,2007)。其中,一方面,效率型和新颖型这两种商业模式的设计主题因其特点对比鲜明;另一方面,因呼应了熊彼特关于价值创造的两个源泉(效率和创新)而逐渐成为商业模式设计主题分类的主流,得到了学者们更多的关注(Zott 和 Amit,2007;Wei 等,2014)。

效率型商业模式设计以交易成本理论作为其理论基础,认为其价值创造的源泉是提高交易效率,主要是通过重塑价值链、实现与利益相关者间的信息共享、节约交易成本而实现的。而新颖型商业模式设计以熊彼特的创新理论作为其理论基础,认为其价值创造的源泉是创新,不同于传统的产品创新或技术创新,新颖型商业模式设计重点强调通过交易方式或交易机制的创新实现价值的创造和升级。鉴于效率型商业模式设计关注于如何重塑已有的商业模式,使其更加高效地发挥作用,并不能以一种全新的方式来创造、传递及获取新的价值。而新颖型商业模式设计强调采用全新的交易内容、结构或治理方式,由于能给用户带来前所未有的价值主张或体验,能产生全新的用户价值,能为新创企业塑造行业进入优势提供最大的潜力,因此,本书重点关注新创企业的新颖型商业模式设计。

二、理论基础

本书主要涉及两个理论,分别是效果理论(Effectuation Theory)和组织学习理论(Organizational Learning Theory)。其中,组织学习理论得到了广泛的认同,对获取商业模式设计所需要的新知识、识别和开发新机会以及提升创业绩效等问题做出了非常大的贡献。作为创业领域的一个新兴理论,效果理论主要关注创业者在高度资源约束、环境不确定性和有限理性的条件下,如何通过不同的决策逻辑(因果逻辑和效果逻辑)来制定决策,并指导具体的创业行为或过程等问题(Sarasvathy,2001),近年来被逐渐引入到商业模式的研究背景下(Futterer 等,

2018）。从数量和研究现状来说，相关的研究仍然较少，且主要以案例分析为主（Reymen 等，2017）。

1. 组织学习理论

组织学习理论主要关注成熟企业如何通过学习来获取知识的方式或过程，当被应用于新创企业的研究背景下，关注创业者的成长和新创企业的发展时，就产生了创业学习的概念。因此，创业学习的概念被视为是组织学习理论与创业研究领域的融合。依据组织学习理论，如何开展学习、通过何种学习方式获取和转化新的知识以适应动荡变化的外部环境、识别新的创业机会、提升新创企业的绩效，是创业者亟待解决的现实问题。该理论主要回答创业者如何获取、吸收、积累和创造新知识这一问题（Politis，2005）。根据组织学习理论，创业者可以通过不同的创业学习方式，为新颖型商业模式设计带来不同的知识基础。

2. 效果理论

该理论主要探讨创业者如何采用不同的决策逻辑（因果逻辑和效果逻辑）来指导具体的创业行为或过程。其中，因果逻辑主要强调，在制定决策时，首先，决策者应对环境展开理性地分析，制定出清晰的目标和计划；其次，以收益最大化为原则来实现既定目标；而效果逻辑强调，在制定决策时，环境的高度不确定性和决策者的有限理性决定了决策者无法事先对环境展开理性地分析。鉴于此，创业者应注重对手头已有资源的充分利用，注重对不可预测的未来加以控制，通过不断的试错和试验而逐步创造出可能的结果。该理论认为，当创业者面临的环境不确定性水平较低时，主要采用因果逻辑的决策方式来制定决策，而在环境不确定性水平较高的环境时，主要采用效果逻辑的决策方式来制定决策。

三、新颖型商业模式设计的研究现状

在早期的研究中，学者们普遍关注新颖型商业模式设计对新创企业价值创造、绩效提升等方面的促进作用，目前这方面的研究已基本达成共识（Zott 和 Amit，2007；Zott 和 Amit，2010；Wei 等，2014）。随着研究的深入，学者们开始逐渐将注意力聚焦于如何实现新颖型商业模式设计。目前，这方面的研究结论仍然存在观点分歧,致使新颖型商业模式设计的实现机理依然不清晰。

当前对如何实现新颖型商业模式设计主要存在三种研究视角:理性定位视角、演化视角和认知视角(Martins 等,2015)。其中,理性定位视角认为,新颖型商业模式设计是企业理性设计的结果;演化视角认为,新颖型商业模式设计是企业通过不断的试错和迭代而实现的;认知视角认为,前两种视角均强调外部环境变化是新颖型商业模式设计的主要驱动力,而未考虑创业者主动的认知范式的改变对新颖型商业模式设计所发挥的作用。该视角以不同于前两种视角的微观化的解释逻辑,极大地补充了前两种视角,并进一步拓宽了商业模式的研究空间。原因主要有两个:首先,基于对创业者的认知范式的解读,认知视角强调商业模式的自发式创新或主动创新的问题,这从源头上解释了"商业模式从何而来"(Ehret 等,2013)的问题,为前两种研究视角(环境变化驱动创新)都提供了有利的补充;其次,认知视角能够抽象归纳出新颖型商业模式设计背后的一般化普遍规律,有助于商业模式统一研究框架的形成(迟考勋等,2016)。

从企业实践来看,新颖型商业模式设计是一个复杂的系统工程,最终的成功可能既离不开创业者的理性规划和不断迭代,又与创业者自身的认知范式或思维方式紧密相关。因此,需要将不同的理论视角加以融合。而从认知视角出发,最新的效果理论为融合不同研究视角,尤其是揭示前两种视角的认知范式,并构建商业模式的统一研究框架提供了重要的启示。

根据效果理论,决策者在制定决策时可以参考两种主要的认知范式,因果逻辑和效果逻辑。前者认为,决策制定要以目标为导向,对环境展开理性预测,在制订计划的基础上,采用系统的思维方式来实现目标;而后者认为,决策制定要以手段为导向,强调目标是在不断试错和迭代的基础上逐步实现的。依据效果理论,理性定位视角的研究者实际秉承了因果逻辑的观点,而演化视角的研究者实际秉承了效果逻辑的观点。按照因果逻辑,首先,新创企业需要清晰定义商业模式设计目标、利益相关者活动、参考模式以及环境限制;其次,随着环境变化,根据最优化原则对商业模式要素进行改进,从而设计出最优的新颖型商业模式。然而,以效果逻辑为核心的演化视角的学者认为,商业模式设计要从企业已经掌握的资源为基础,在不确定环境下逐步学习和改进。

第三节 现有研究的不足

针对如何实现新颖型商业模式设计的问题,虽然现有研究已经从不同的理论研究视角进行了阐述,并取得了较好的研究进展,但是仍然存在一些不足,主要表现在以下三个方面。

一、对于采取哪种决策逻辑实现新颖型商业模式设计存在观点的争论

一些学者强调,新颖型商业模式设计主要遵循因果逻辑的观点,在对环境展开理性分析的基础上,制定清晰的商业计划和目标,并以收益最大化为原则实现既定的目标(Casadesus – Masanell 和 Ricart,2010;Teece,2010;Zott 和 Amit,2010);而另外一些学者强调,新颖型商业模式设计主要遵循效果逻辑的观点,应以手段为导向,强调不断试错、迭代和试验对识别新的价值主张的重要作用(Chesbrough,2010;McGrath,2010;Sosna 等,2010;Velu 和 Jacob,2016)。两种观点的争论需要进一步分析两种决策逻辑对新颖型商业模式设计的影响作用,厘清各自的权变条件。

首先,现有文献对这两种决策逻辑的解释主要聚焦于创业者在不同决策逻辑指导下的行为差异,并且主要以概念分析和比较为主(Welter 等,2016)。而为数不多的实证研究要么运用案例分析阐述两者对商业模式开发的作用(Reymen 等,2017),要么是在实验(Experiment)的情境下完成,缺乏现实情境下的实证研究(Foss 和 Saebi,2017),而这为本书提供了机会。

其次,一些学者认为,解决观点争论的途径之一就是需要考虑权变因素对"决策逻辑—新颖型商业模式设计"间关系的影响,因为在不同的权变条件下,不同决策逻辑对新颖型商业模式设计的影响可能是不同的。在已有的研究中,学者们主要关注了以下三种权变要素:一种是环境因素,例如,市场环境不确定性(Arend 等,2015)、制度环境不确定性(Laine 和 Galkina,2017)和企业所在行业的增长潜力(Futterer 等,2018);另一种是新创企业自身的要素,例如,企业

自身的资源状况、企业感受到的来自外部利益相关者的压力和企业发展阶段（Reymen 等，2015）；还有一些其他的要素，例如，创业者关注点的变化。当创业者重点考虑如何确立价值主张和应对资源短缺时，效果逻辑发挥更大作用，而当创业者需要确定商业模式的其他构成要素时，因果逻辑发挥更大作用（Reymen 等，2017）。

然而，上述研究有一个共同的假设前提：因果逻辑在市场不确定性较低的环境中发挥主要作用，而效果逻辑在市场不确定性较高的环境中发挥主要作用（Sarasvathy，2001）。但近期也有学者认为，因果逻辑在市场不确定性较高的环境中同样发挥重要作用（Maine 等，2015）。并且，不同形式的市场不确定性代表了不同的环境特征，将会对两种决策逻辑作用发挥的效果产生不同的影响（Arend 等，2015）。市场不确定性主要强调市场环境变化的不稳定性、动荡性和不可预测性，其随机效果主要是由顾客需求与偏好波动所引起的需求不确定性，以及市场竞争越来越激烈所诱发的竞争强度增加所构成，这两者成为市场不确定性的典型代表（Voss 和 Voss，2000）。然而，现有研究却未在区分市场不确定性的基础上，进一步探讨不同形式的市场不确定性是否以及如何影响两种决策逻辑作用的发挥，这也为本书提供了机会。

二、对决策逻辑影响新颖型商业模式设计的过程缺乏足够的关注

为了解决当前研究中对于如何实现新颖型商业模式设计存在的观点争论，并清晰地阐明决策逻辑与新颖型商业模式设计间的关系，理论研究还需要揭示决策逻辑影响新颖型商业模式设计的中间机理。考虑到创业者自身的决策逻辑并不能直接转换为结果（新颖型商业模式设计），而是需要通过决策逻辑引导下的一系列行为过程才能使其真正发挥作用。因此，有必要探究决策逻辑影响新颖型商业模式设计的行为过程。

而创业学习作为一个具体的行为过程，反映了新创企业识别、获取、积累和创造新知识的过程，是组织学习理论中的一个重要概念，其内涵和外延已日益清晰。但总体来说，有关创业学习的讨论主要集中在对新创企业机会识别、知识获取和绩效提升等方面（Lumpkin 和 Lichtenstein，2005；Politis，2005；Corbett，2007；Holcomb 等，2009），而对商业模式背景下创业学习的研究文献较少，为

数不多的研究主要以案例分析为主，重点强调基于经验的试错学习对商业模式的影响（Sosna 等，2010；Andries 等，2013；Demil 等，2015）。另外，这些为数不多的研究往往在概念上将创业者不同来源的经验视为等同。实际上，虽然新创企业的创业学习主要以经验学习的形式存在（Politis，2005），但经验学习既包括从自身的经验中直接获取一手知识，并不断试错的经验性学习，也包括从自身以外的其他个体或对象处间接地获取二手知识的获得性学习，两者为新创企业带来不同的知识基础（Baum 等，2000；Holcomb 等，2009），对新颖型商业模式设计产生不同的影响（Berends 等，2016）。然而，现有研究仍未能识别并检验不同的创业学习方式在商业模式设计过程中是否及如何发挥作用。

因此，本书尝试将创业学习纳入"决策逻辑—新颖型商业模式设计"研究中，探讨创业学习是否发挥中介作用。事实上，先前研究已暗示了创业学习这一中介变量的存在，理由有两个：第一，效果理论认为，因果逻辑可以引导创业者通过不断学习来完善商业计划，效果逻辑可以引导创业者通过创业学习来不断试错和迭代，从而积累和创造出新知识（Sarasvathy，2001）；第二，基于组织学习理论，不同形式的创业学习可以为新颖型商业模式设计带来不同的知识基础（Berends 等，2016）。然而，鉴于这一视角的新颖性，相关的研究还尚未涉足，这也为本书提供了机会。

三、忽视了不同形式的市场不确定性对创业学习作用发挥的影响

考虑到学习是在特定情境下展开的，而学习所面临的一个最显著的情境就是市场不确定性（Kolb，1984）。一方面，它是创业者开展学习、获取知识的前提条件；另一方面，也将会影响到学习效果的发挥（Argote 和 MironSpektor，2011；Wang 和 Chugh，2014）。因此，开始有学者探讨市场不确定性是否以及如何影响学习作用的发挥。

从现有的研究结论来看，有两种不一致的观点。其中，一种观点认为，市场不确定性程度越高，意味着决策者面临越高的状态不确定性、效果不确定性和应对不确定性，也就越难评估和预测学习的结果和有效性，这必将降低决策者学习的积极性和动力（Covin 和 Slevin，1991）；另一种观点认为，市场不确定性为创业者带来了大量潜在的机会，促使创业者有更大的动力和空间通过不断学习来挖

掘用户需求、确定新的市场定位，为用户提供新的价值主张（Antoncic 和 Hisrich，2001）。考虑到不同形式的市场不确定性（需求不确定性和竞争强度）代表了不同的环境特征（Voss 和 Voss，2000），可能会对创业学习的作用发挥产生不同的影响。然而，以往研究并未结合市场不确定性的不同表现形式，深入探讨两者是否以及如何会对创业学习的作用发挥产生影响，这也为本书提供了机会。图1-1显示了新颖型商业模式设计间实现途径的研究现状和不足。

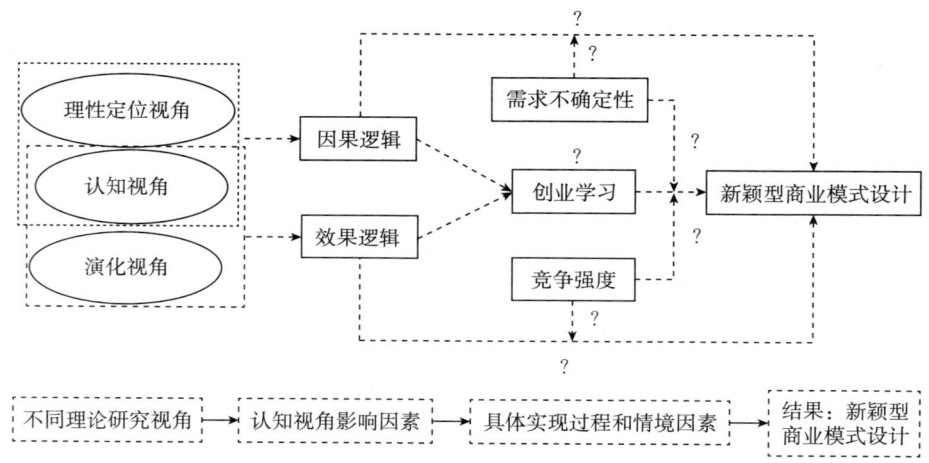

图1-1 当前研究现状和不足

第四节 主要研究问题和研究意义

一、研究问题的提出

新颖型商业模式设计对新创企业获得生存和快速发展至关重要，新一代信息技术带来的互联环境和国家层面的高度重视为新创企业实现新颖型商业模式设计带来了机会，越来越多的新创企业均通过新颖型商业模式设计获得了巨大的成功。然而，在实践中，新创企业新颖型商业模式设计并非坦途，未能真正实现新颖型商业模式设计是众多新创企业失败率居高不下的重要原因之一。正因为此，探讨如何实现新颖型商业模式设计是目前商业模式研究领域的热点和难点。

在现有研究中，新颖型商业模式设计的实现途径主要有三种不同的理论研究视角（理性定位视角、演化视角和认知视角），分别代表了三种不同的观点。本书结合效果理论，从认知视角提出，当前研究之所以出现观点争论，其中一个重要原因是学者们关注的潜在决策逻辑的不同。一些学者主张，新颖型商业模式设计是创业者以因果逻辑为主导而实现的；另一些学者认为，新颖型商业模式设计是创业者以效果逻辑为主导而实现的。为了解决观点的争论，理论研究需要理清两种决策逻辑分别对新颖型商业模式设计的作用机理、边界条件和中介路径。

首先，当前研究对决策逻辑如何影响新颖型商业模式设计缺乏分析和检验。另外，虽然以往研究识别了以下影响决策逻辑作用发挥的情境因素：市场环境不确定性（Arend 等，2015）、制度环境不确定性（Laine 和 Galkina，2017）、企业所在行业的增长潜力（Futterer 等，2018）、企业自身的资源状况、企业感受到的来自外部利益相关者的压力和企业发展阶段（Reymen 等，2015）等。但是，上述权变因素的研究均有一个共同的假设前提：因果逻辑在市场不确定性水平较低的情境下发挥更大作用，效果逻辑在市场不确定性较高的情境下发挥更大作用（Sarasvathy，2001）。而最近有研究表明，第一，因果逻辑在市场不确定性较高的环境下同样发挥重要作用，并且市场不确定性的不同表现形式代表了不同的环境特征，可能会对两种决策逻辑作用的发挥产生不同的影响（Arend 等，2015）。然而，以往研究均未进一步区分市场不确定性的类型，未能辨明不同形式的市场不确定性对不同决策逻辑作用发挥所产生的差异化影响。第二，由于市场不确定性主要强调市场环境变化的不稳定性、动荡性和不可预测性，其随机效果主要是由顾客需求与偏好波动所引起的需求不确定性，以及市场竞争越来越激烈所诱发的竞争强度增加所构成，这两者成为市场不确定性的典型代表（Voss 和 Voss，2000）。因此，本书提出如下研究问题：因果逻辑和效果逻辑对新颖型商业模式设计的作用机理分别是什么，需求不确定性和竞争强度是否在决策逻辑与新颖型商业模式设计间的关系中发挥不同的调节作用？

其次，为了解决两种观点的争论，并清晰地阐明决策逻辑与新颖型商业模式设计间的关系,理论研究还需要进一步揭示决策逻辑影响新颖型商业模式设计的中间机理。然而,以往研究却并未对决策逻辑影响新颖型商业模式设计的中间过程加以关注。基于效果理论和组织学习理论,本书提出,创业学习可能在决策逻辑影响新颖型商业模式设计过程中发挥中介作用。理由如下:首先,依据效果理论,因果逻辑可以引导创业者通过不断学习来优化商业计划,从而制定出最优的目标;效果逻辑可以引导创业者通过不断学习来试错、试验和迭代,从而为识别新的价值主张奠定基础;其次,依据组织学习理论,创业学习可以帮助创业者获取新的知识,为其挖掘新的价值创造逻辑,实现新颖型商业模式设计奠定知识基础。因此,本书提出第二个研究问题:两种决策逻辑是否通过创业学习的中介作用对新颖型商业模式设计产生影响?

再次,尽管以往有少数学者运用案例分析的方法讨论了基于经验的试错学习对商业模式设计的作用(Sosna 等,2010;Andries 等,2013;Demil 等,2015)。然而,这些为数不多的研究往往在概念上将创业者不同来源的经验视为等同,忽视了创业学习的多维本质,从而难以真正阐明创业学习在商业模式设计过程中应有的作用。实际上,虽然新创企业的创业学习主要以经验学习的形式存在(Politis,2005),但经验学习既包括从自身的经验中直接获取一手知识,并不断试错的经验性学习,也包括从自身以外的其他个体或对象处间接地获取二手知识的获得性学习,两者为新创企业带来不同的知识基础(Baum 等,2000;Holcomb 等,2009),对新颖型商业模式设计可能产生不同的影响(Berends 等,2016)。因此,基于效果理论和组织学习理论,本书在区分经验性学习和获得性学习的基础上,将第二个问题进一步细化为:决策逻辑是否通过上述两种创业学习的中介机制影响新颖型商业模式设计?

最后,根据近年来学者们对中介作用"边界效应"的研究探索,本书又进一步深化了上述讨论,提出第三个研究问题:创业学习的中介作用是否会受到其他因素的影响?为了回答这一问题,本书试图引入市场不确定性这一重要的权变因素,分析市场不确定性对创业学习中介作用的影响,而这关键是探讨市场不确定性对创业学习与新颖型商业模式设计间关系的调节作用。引入市场不确定性作为调节变量的原因主要有两个:第一,现有研究已表明,创业学习的效果将受到市场不确定性的影响(Wang 和 Chugh,2014)。然而,现有的实证研究对市场不确定性的调节作用存在不一致甚至是矛盾的观点（Covin 和 Slevin，1991；Antoncic 和 Hisrich，2001）。第二，由于市场不确定性主要是由需求不确定性和竞争强度构成的，而不同形式的市场不确定性可能会对创业学习的作用发挥产生不同的影响。因此，首先，本书引入市场不确定性作为调节变量，分析需求不确定性和竞争强度是否对创业学习作用的发挥产生不同的影响，试图在一定程度上解决目前研究结论的不一致；其次，新颖型商业模式设计的本质就是要挖掘用户的潜在需求，为顾客创造全新的价值主张和体验。而在创业的情境下，环境不确定性水平较高，尤其是用户需求不确定性和竞争强度的加剧带来的市场不确定性增加了新颖型商业模式设计的实施难度，因此，在实现新颖型商业模式时设计必须要考虑关注市场不确定性带来的影响。

综上所述，本书在整合效果理论、组织学习理论、商业模式和环境不确定性相关文献的基础上，基于"认知—行为—结果"的逻辑主线，构建了决策逻辑、创业学习、市场不确定性和新颖型商业模式设计间关系的理论模型，着眼于解决以下三个研究问题：

（1）因果逻辑和效果逻辑影响新颖型商业模式设计的作用机理和适用情境分别是什么？

以往对如何实现新颖型商业模式设计主要存在三种理论视角，基于构建商业模式统一研究框架的观点和效果理论，本书从认知视角提出，决策逻辑（因果逻辑和效果逻辑）的差异是新颖型商业模式设计实现途径出现争论的重要原因之一。而分析决策逻辑对新颖型商业模式设计的作用机理和适用情境，不仅可以在一定程度上解决当前的观点争论，而且还可以为效果理论发挥作用的边界条件增添新知识，为指导创业者更好地实现新颖型商业模式设计提供理论指导。

（2）两种决策逻辑是否通过创业学习的中介作用影响新颖型商业模式设计？

以往研究既未对创业学习是否在决策逻辑与新颖型商业模式设计关系中发挥中介作用加以关注，也忽视了创业学习的多维本质，从而难以真正阐明创业学习在商业模式设计过程中应有的作用，也无法从理论上给予创业者更加有效的和深入的指导。本书在区分经验性学习和获得性学习的基础上，试图探讨决策逻辑是否以及如何通过两种创业学习的中介机制影响新颖型商业模式设计的问题，以揭开决策逻辑影响新颖型商业模式设计的"黑箱"，清晰地阐明新颖型商业模式设计的实现机理。

（3）创业学习的中介作用是否受到市场不确定性的影响？

根据近年来学者们对中介过程"边界效应"的研究探索，本书结合市场不确定性的不同表现形式深入分析两者对创业学习中介作用产生的影响。以往研究认为，尽管新颖型商业模式设计是一个学习过程，且学习效果受到市场不确定性的影响，但以往研究对如何根据不同类型的市场不确定选择匹配的学习方式缺乏深入分析。基于此，本书在区分为需求不确定性和竞争强度的基础上，试图构建一个被调节的中介模型，揭示两种不同形式的市场不确定性是否对创业学习中介作用产生不同的影响，以探明创业学习中介作用的边界条件，从而推动效果理论和组织学习理论的整合。

二、研究意义

1. 本书的理论意义

本书的理论意义主要包括以下三个方面：

第一，本书引入效果理论，从认知视角识别并检验了决策逻辑对新颖型商业模式设计的不同影响，并进一步揭示了需求不确定性和竞争强度在"决策逻辑—新颖型商业模式设计"间关系的不同调节作用规律。这不仅在一定程度上解决了当前对于如何实现新颖型商业模式设计的观点争论，而且还探明了效果理论发挥作用的边界条件。

第二，本书在区分经验性学习和获得性学习的基础上，揭示了两者在"决策逻辑—新颖型商业模式设计"间关系中所发挥的不同中介作用，打开了决策逻辑与新颖型商业模式设计间关系的"黑箱"。这不仅从过程视角深化并拓展了效果理论，为探析决策逻辑影响新颖型商业模式设计的内在机制提供了崭新的研究思路；而且也丰富了组织学习理论在创业研究领域的应用，还清晰地阐明了决策逻辑与新颖型商业模式设计间的关系，还细致地阐明了新颖型商业模式设计的实现机理。

第三，本书构建了一个被调节的中介模型，揭示了市场不确定性对创业学习的中介作用所发挥的调节作用。这不仅深化了对创业学习与新颖型商业模式设计间关系的认识,探明了创业学习中介作用的边界条件,而且促进了两类研究"创业学习—新颖型商业模式设计"和"决策逻辑—新颖型商业模式设计"的交叉和融合,推动了效果理论和组织学习理论的整合,丰富了商业模式研究的理论基础。

2. 本书的实践意义

本书可以帮助创业者识别如何采取不同的决策逻辑和创业学习方式来实现新颖型商业模式设计。具体而言,首先,本书可以帮助创业者正确认识新颖型商业模式设计的影响因素和权变因素,对于创业者更好地依据环境特征选择不同的决策逻辑,进而实现新颖型商业模式设计具有重要的指导意义;其次,本书可以帮助创业者更好地理解新颖型商业模式设计的具体实现路径,认识到经验性学习和获得性学习对于实现新颖型商业模式设计的重要作用,从而为其有意识地培养两种不同的学习方式提供理论基础;最后,本书帮助创业者正确地认识不同形式的市场不确定性对新颖型商业模式设计过程的影响,从而可以帮助创业者根据市场不确定性的主要表现形式恰当地选择不同的学习方式,以指导新颖型商业模式设计的顺利实施。

第五节 研究框架安排

在上述分析的基础上,本书的研究思路如下:在总结和梳理相关理论的基础上,首先,识别并验证了决策逻辑(因果逻辑和效果逻辑)对新颖型商业模式设计的影响以及两种决策逻辑的适用情境;其次,在区分经验性学习和获得性学习的基础上,揭示了两者在决策逻辑和新颖型商业模式设计间的关系中所发挥的中介作用;最后,探讨了市场不确定性(需求不确定性和竞争强度)对创业学习的中介作用所发挥的调节作用。本书各个章节均是在上述研究内容的基础上展开的。

具体的研究思路和章节安排如下:

第一章介绍了我国新创企业新颖型商业模式设计的实践背景和理论背景,聚焦了本书所要探讨的核心问题。

第二章对本书所用到的理论和相关文献进行了回顾和梳理。具体包括商业模式的相关文献、效果理论、组织学习理论以及环境不确定性的相关文献。

第三章在对文献和理论进行回顾和梳理的基础上,首先对本书涉及的关键变量进行了概念界定,其次构建了本书的理论模型并提出了相关的研究假设。

第四章对本书的问卷设计、数据收集过程、变量测量的情况和相关的统计分析法进行介绍。

第五章对本书的假设进行实证分析和检验。具体包括相关分析、信度和效度检验、共同方法偏差的检验、内生性检验、中介检验、调节检验等。

第六章针对实证检验结果予以讨论,结合现有文献深入分析本书的理论意义和实践意义。

第七章对本书的主要结论、创新点、局限性以及未来研究展望进行总结。

本书具体的研究框架如图1-2所示。

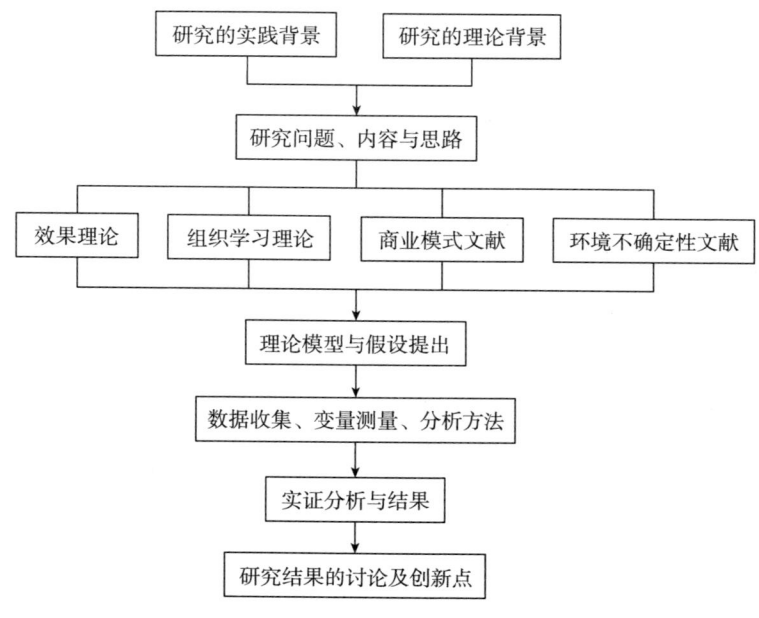

图1-2 研究结构

第二章 文献综述

第一节 商业模式研究评述

随着全球一体化和互联网等新一代信息和通信技术的发展,企业原有的商业逻辑以及与其利益相关者间的相互依存关系正在逐步发生改变,资源在全球范围内也可以迅速地实现跨行业的重新组合。由此带来的互联环境让众多企业可以有机会通过商业模式创新来获取新的竞争优势。商业模式创新主要是指在系统层面上对企业的价值创造系统进行重新设计。对于新创企业来说,其商业模式创新是通过新颖型商业模式设计来实现的(Schneckenberg 等,2017),它是新创企业避免同质化竞争模式,实现生存和快速成长的关键。本部分主要梳理了商业模式和新颖型商业模式设计的基本观点,以及当前理论研究的不足。

一、商业模式的相关研究

1. 商业模式的提出背景

企业异质性绩效的成因是什么?这是战略研究领域和创业研究领域最关注但也是最困难的研究问题,学者们付出了大量的努力以试图回答这一问题。20 世纪 60 年代,Bain(1956)和 Mason(1957)提出了"结构—行为—绩效"的研究范式（Structure – Conduct – Performance，SCP）。20世纪80年代，以Porter（1985）为代表的战略学家提出"五种竞争力量"和"三种竞争战略"的理论观点，认为外部竞争环境和产业结构决定企业的竞争优势和绩效。但上述研究过多强调外部环境的作用，而缺乏对企业内部的关注。于是，在20世纪八九十年代，以关注于企业内部要素的资源基础观（Barney，1991）和企业能力观（Prahalad和Hamel，1990）应运而生。前者认为，企业的异质性资源（有价值的、稀缺的、难以替代的、难以模仿的）是其竞争优势的关键；后者认为，蕴藏在资源背后的、能对资源加以配置和利用的企业能力是竞争优势的源泉。但在发展过程中，资源基础观的静态研究视角和企业能力的"核心刚性"，以及由于"路径依赖"产生的"惯性陷阱"问题，使资源基础观和企业能力观在解释企业竞争优势来源方面表现出一定的局限性。在此基础上，以Teece等（1997）为代表的学者们进一步提出了动态能力理论，并指出企业的动态能力（可以对现有的企业能力加以管理、配置和更新）是竞争优势的关键来源。

自20世纪90年代末期以来，全球一体化、电子商务和互联网等信息技术的发展使资源可以迅速实现跨行业的重新组合，传统的产业边界越来越模糊。例如，我们不能简单地认为，苹果或小米是一家硬件公司，或软件公司，或互联网公司。我们也无法简单地将360划定为某一个确切的行业类别。尤其是360将自身的核心优势资源以免费的方式提供给消费者使用。因此，强调外部竞争环境和产业结构的产业组织理论（Porter，1985），强调内部资源的资源基础理论（Barney，1991），以及强调内部能力的企业能力理论（Prahalad和Hamel，1990；Teece等，1997）已难以解释新的互联环境下企业竞争优势的来源。互联的现实背景使企业要通过商业模式创新来创造和捕获新的价值（Amit和Zott，2001；Chesbrough等，2006；Osterwalder和Pigneur，2006；Teece，2010；Suarez等，2013；Frankenberger等，2014）。因此，商业模式的提出背景也是为了回答企业竞争优势或异质性绩效的成因问题（江积海，2015），而互联的现实背景使商业模式的设计成为其价值创造或竞争优势的关键要素（Chesbrough，2003；Adner，2006；Adner和Kapoor，2010；Casadesus – Masanell和Ricart，2010；Teece，2010）。

2. 商业模式的内涵界定

新的组织形式的产生、发展和成功通常离不开其商业模式的设计,尤其是在动荡变化的行业环境中(Franke 等,2010)。很多学者已指出,商业模式是理解企业价值创造的关键概念(Amit 和 Zott,2001;Chesbrough 和 Rosenbloom,2002),但是该概念缺乏清晰和一致的界定,导致在各个领域应用时,出现了各种不同的理解(Morris 等,2005;Andries 和 Debackere,2007;Willemstein 等,2007;George 和 Bock,2011;Zott 等,2011)。例如,Magretta(2002)认为,商业模式是描述企业如何做生意的故事;Chesbrough 和 Rosenbloom(2002)指出,商业模式是将技术创新转化为顾客价值的实现架构或载体;Timmers(1998)认为,商业模式是一个包含企业信息、资源和产品流动的架构体系;Amit 和 Zott(2001)提出,商业模式是一种跨越企业边界进行交易和捕获价值的活动系统。Franke 等(2010)进一步指出,商业模式的研究不仅和在位企业相关,而且也和新创企业也是密切相关的。

从现有文献来看,商业模式的研究被应用于各个行业,例如,生物技术行业(Bigliardi 等,2005;Nosella 等,2005)、电子商务行业(Mahadevan,2000;Amit和Zott,2001)、互联网行业(Lechner 和 Hummel,2002;Demil 等,2015)等。不管被应用于哪些行业,其概念通常被认为主要反映了以下四种主题:组织设计、叙述、创新和交易(George 和 Bock,2011)。相关的主题研究如表2-1所示。

表2-1 针对四个不同主题的商业模式构成要素和内涵界定

主题	作者	总结	内涵界定	构成要素	引用的文献
组织设计	Timmers(1998)	设计或配置企业要素	产品、服务和信息流动的组织架构	企业的业务伙伴、角色、潜在收益及来源	Hedman 和 Kalling(2003)
叙述	Magretta(2002)	组织驱动因素的主观描述性故事	讲述了有关企业如何运作的故事	目标顾客、价值主张、价值传递、价值捕获	Demil 和 Lecocq(2010);Ojala 和 Tyrväinene(2006)

续表

主题	作者	总结	内涵界定	构成要素	引用的文献
创新	Chesbrough 和 Rosenbloom（2002）	对新技术应用的过程加以配置	将新技术转化为经济和社会价值的实现架构或载体	目标用户细分、价值主张、成本/收益结构、价值链、竞争战略、价值网络	Chesbrough 等（2006）；Chesbrough（2007）
交易	Amit 和 Zott（2001）	对跨越企业边界交易活动的配置	对交易活动内容、结构和治理方式的设计	交易内容、交易结构、交易治理	Zott 和 Amit（2010）；Teece（2010）；Amit 和 Zott（2015）；Morris 等（2005）

资料来源：根据文献 George 和 Bock（2011）和 Zott 等（2011）整理。

通过对现有文献的梳理可知，虽然不同学者关注的商业模式研究主题有差异，但交易主题下的商业模式内涵界定得到了越来越多的学者认可（Amit 和 Zott，2015）。即商业模式主要描述了以价值创造、传递和捕获为导向的焦点企业与其利益相关者共同构建的相互依存的活动系统，由活动系统的三大要素和四大主题所组成。

其中，三大要素包括内容、结构和治理。内容是指商业模式的运营应包括的交易活动，或是为了创造价值、开发机会所需要投入的资源和能力；结构是指如何将不同活动内容或利益相关者连接起来；治理是指如何管理这些交易活动以满足顾客的需求并创造价值（Amit 和 Zott，2001；Zott 和 Amit，2010）。商业模式的设计主题实际反映了企业价值创造的来源或潜力，是通过对设计要素的组合、连接或配置而实现的，包括互补型、锁定型、效率型和新颖型四种类型。其中，新颖型商业模式设计的本质是要引入新的活动，或是以新的交易方式连接不同的活动，或是采用不同的治理方式来管理不同的活动；锁定型商业模式设计的本质是要通过对商业模式要素的设计将顾客、合作者和供应商等利益相关者吸引和保留在价值网络或交易系统中；互补型商业模式设计的本质是要将各类交易活动捆绑在一起进行交易以发挥更大的协同效应；效率型商业模式设计的本质强调要以更低的交易成本将不同交易活动连接起来。

在此基础上，Amit 和 Zott（2015）进一步提出，不同的设计主题分别对应不同的前因变量。其中，确定出创造和捕获价值的目标有助于锁定型商业模式设计的实现。对行业中的商业模式参考样板加以谨慎地考虑将有助于促进效率型商业模式设计和（或）新颖型商业模式设计的实现；对行业中的商业模式样板简单地借鉴将有助于促进效率型商业模式设计的实现。对利益相关者的活动加以关注则有助于互补型商业模式设计的实现；与信誉良好的利益相关者合作则会促进锁定型商业模式设计的实现；外部环境的突变会促进新颖型商业模式设计的实现。上述研究为新创企业如何实现不同的商业模式设计主题提供了重要的理论依据。图2-1显示了商业模式设计的主要前因变量。

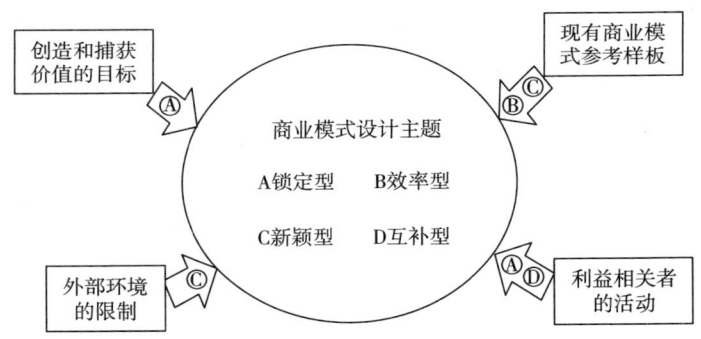

图 2-1　商业模式设计的前因变量

资料来源：Amit 和 Zott（2015）。

3. 商业模式的研究领域

从现有文献来看，商业模式的研究主要应用于以下三个领域：电子商务领域（主要研究企业如何通过新的商业模式设计来赚钱）、战略领域（主要研究商业模式是不是企业价值创造、竞争优势和绩效提升的源泉、与企业战略有何关系）以及创新领域（主要研究商业模式与技术、创新之间的关系、商业模式的动态变化性）（Zott 等，2011）。表2-2显示了三种领域下对商业模式的不同解释和相关成果。

表2-2 商业模式不同研究领域的研究成果比较

比较	电子商务领域	战略领域	创新领域
主要目的(为什么提出商业模式概念)	描述了一种以互联网为基础的企业经营方式,提出了商业模式的类型和要素构成	基于价值创造机制和竞争优势来源视角解释商业模式是一种网络化的活动系统	解释技术是如何通过商业模式转化为创新产出的
商业模式不是什么	营销模式或战略、网络结构、定价模式、收益或成本模式、价值主张	业务流程、市场适应战略、公司战略、产品市场战略	技术、开放式创新、合作创业、管理团队
商业模式的影响因素	新的信息和通信技术	价值驱动因素、外部压力、监管、试验	技术开发和创新
商业模式发挥作用的机制	价值链的重建、定价机制、收入机制、控制活动、交易治理结构	独特的价值主张、价值创造、通过商业模式设计获得的议价能力和有利的成本结构	顾客和技术的连接,以及网络的作用
商业模式的结果	价值捕获方式、行业结构、交易模式、竞争规则的变化	价值创造、竞争优势、企业绩效	从技术中创造和捕获价值、创新网络的变化

资料来源:作者整理。

首先,在电子商务领域,随着全球一体化和互联网等信息技术的进步,资源在全球范围内得以迅速流通,从而改变了传统的交易机制和架构,使企业有机会以新的方式创造和传递价值,也为企业重新设计新的边界跨越组织形式提供可能(Amit和Zott,2001)。该领域下的商业模式研究主要描述了商业模式的类型和构成。在有关类型的研究方面,学者们均试图描述企业在互联网背景下可参考的商业模式类型有哪些。例如,Timmers(1998)区分了11种以互联网为基础的商业模式类型。在有关构成的研究方面,虽然学者们依据自身研究目的提出了若干不同的构成,但学者们普遍认为,商业模式是一个整体,强调不同构成要素间的协调配置和整合。例如,Mahadevan(2000)认为,商业模式包括价值主张、收益模式、交易结构三个构成部分;Osterwalder等(2005)指出,商业模式包括价值主张、价值传递渠道、收益或成本结构、价值链定位、顾客细分、合作网络六个构成部分；Morris 等（2005）指出，商业模式包括价值主张、顾客、内部流程/能力、外部定位、交易模式以及个人/投资者因素六个构成部分。上述研究主要以定性描述商业模式构成和类型为主，对不同构成部分之间关系的研究、有关商业模式前因变量和结果变量的研究较为缺乏。

其次，在战略领域，一部分学者开始关注商业模式是不是企业竞争优势或异质性绩效的来源，以及企业战略与商业模式间的关系。通过商业模式创新所创造的价值不同于熊彼特的创新（Zott 等，2011）。Amit 和 Zott（2001）指出，商业模式可被视为是一个独立的分析单元，其价值创造的轨迹跨越了企业和行业的边界，主要包括三个要素：内容、结构和治理，并通过以下四种主题来为企业创造价值：新颖型、锁定型、互补型和效率型。Zott 等（2011）指出，新创企业可以通过开发新的商业模式，在位企业可以对已有商业模式加以变革或创新来创造和捕获价值。在商业模式与企业绩效之间关系的研究方面，学者们普遍认为，商业模式是企业绩效和竞争优势的来源（Markides 和 Charitou，2004；Morris 等，2005；Zott 和 Amit，2007；Casadesus-Masanell 和 Ricart，2010）；对于商业模式与企业战略间的关系，学者们普遍认为，两者既有区别又有联系。首先，在两者的区别方面，两者的含义、聚焦点、主要研究问题和分析单元是不同的。战略主要关注对企业竞争、价值捕获和竞争优势的影响，而商业模式更多聚焦于合作、伙伴关系、共同的价值创造（Magretta，2002；Zott 和 Amit，2008）。表 2-3 显示了两者的差异；其次，在两者的联系方面，学者们认为，两者都是企业竞争优势和价值创造的来源（Zott 和 Amit，2008），商业模式可被视为是实现企业战略的载体（Casadesus-Masanell 和 Ricart，2010；Teece，2010）。

最后，在创新领域，学者们主要关注商业模式与技术以及企业创新之间的关系。普遍认为，尽管技术对企业非常关键，但不能保证企业一定获得成功，因为技术需要通过商业模式这一载体才能更好地实现商业化（Chesbrough 等，2006；Chesbrough，2007）。而商业模式与企业创新之间的关系主要表现在以下两个方面。首先，商业模式可被视为是将企业创新性的想法或技术商业化的载体；其次，商业模式本事可被视为是一种新的创新形式，主要强调以新的交易方式进行合作或协同（Zott 等，2011）。新颖型商业模式设计的概念是在开放式创新（Open Innovation）（Chesbrough，2007）和合作创业（Collaborative Entrepreneurship)（Miles 等，2006）这些概念的基础上发展而来的，对企业绩效提升有关键作用（Zott 和 Amit，2007；Chesbrough，2010；Demil 和 Lecocq，2010）。

表 2-3 商业模式和企业战略的区别

比较	商业模式	企业战略
内涵界定	核心企业构建与利益相关者相互依存的交易体系，反映了企业与要素和产品市场的边界跨越联系模式	解释了企业如何通过在市场中的定位来捕获新的价值和竞争优势
研究问题	①如何与产品或要素市场建立联系？②应与哪些利益相关者建立联系？以何种方式实现交易？③从利益相关者那里获取哪些资源？④如何确定交易机制，管理与利益相关者的关系？	①采取哪些市场定位与竞争对手相竞争？②要选择何种策略？③何时进入市场，销售哪些产品？④服务哪些顾客，主攻哪个市场？
分析单元	中心企业与其利益相关者	企业本身
聚焦点	外部导向（企业与外部利益相关者的交易）	内外部导向相结合

资料来源：根据 Zott 和 Amit（2008）整理。

虽然上述不同领域内对商业模式概念和价值创造的机理有不同的理解，但学者们对以下四个方面已基本达成共识：一是商业模式已被视为是一个新的分析单元；二是商业模式从全局和系统层面上解释了企业如何做生意的方式，强调商业模式是一个跨越企业边界的整体活动系统；三是商业模式可用来解释企业价值创造和捕获的机理；四是商业模式设计要以顾客为中心，强调向顾客提供全新的价值主张。

二、新颖型商业模式设计的相关研究

商业模式主要描述了由中心企业和其利益相关者共同构建的一种相互依存的活动系统。主要包含两组参数：设计要素和设计主题。其中，设计要素包括：内容、结构和治理；设计主题包括：锁定型、互补型、效率型和新颖型。从本质上来说，商业模式设计主题实际反映了企业价值创造的来源。其中，一方面，效率型和新颖型这两种商业模式的设计主题因其特点对比鲜明；另一方面，因呼应了熊彼特关于价值创造的两个源泉（效率和创新）而逐渐成为商业模式设计主题的主流分类，得到了学者们更多的关注（Zott 和 Amit，2007；Wei 等，2014）。

效率型商业模式设计以交易成本理论作为其理论基础，认为其价值创造的源泉是提高交易效率。主要是通过重塑价值链、通过与利益相关者间的信息共享、节约交易成本而实现的，重点关注如何重塑已有的商业模式，使其更加高效地发挥作用。由于这一主题的关注点是如何提高效率，故而并不能以一种全新的方式来创造、传递及获取新的价值。而新颖型商业模式设计以熊彼特的创新理论作为其理论基础，认为其价值创造的源泉是创新，不同于传统的产品创新或技术创新，新颖型商业模式设计重点强调通过交易方式或交易机制的创新来实现价值的创造和升级。由于该主题能给用户带来前所未有的价值主张或体验，能产生全新的用户价值，能为新创企业塑造行业进入优势、实现新的价值创造和捕获提供最大的潜力。因此，本书重点关注新创企业的新颖型商业模式设计这一主题。以下部分分别介绍了新颖型商业模式设计的内涵、影响因素和实现途径。

1. 新颖型商业模式设计的内涵

近年来，新颖型商业模式设计得到了越来越多理论学者和创业者的关注（George 和 Bock，2011；Teece，2010；Zott 等，2011；Amit 和 Zott，2012；Foss 和 Saebi，2017；魏泽龙等，2017；王雪冬和董大海，2013）。该概念被认为是，商业模式和创新两个概念的交叉与融合，是新创企业商业模式创新的主要表现形式（Schneckenberg 等，2017），其本身也代表了创新的一个新维度（Cortimiglia 等，2016；Foss 和 Saebi，2017）。

新颖型商业模式设计主要反映了企业所设计的商业模式与市场现有的商业模式相比，在交易内容、结构或治理方面的新颖性程度。其本质是要满足顾客全新的价值主张、需求或体验。它以创新作为其新的价值创造的源泉，通过对商业模式的构成要素（交易活动的内容、结构和治理）进行创新或重新组合而实现的，这种创新或重新组合可能跨越了企业和行业的边界，主要强调要素之间的相互匹配以重构价值创造体系。它所包含的大量研究问题超越了传统的商业模式研究边界（Foss 和 Saebi，2017）。例如，新颖型商业模式设计重点强调要提出新的价值主张，或提出新的价值活动（内容维度的创新），或引入新的合作伙伴（结构维度的创新），或以新的方式激励合作伙伴，或采用新的管理流程或规范（治理维度的创新）（Zott 和 Amit，2010）。

新颖型商业模式设计对企业绩效的提升、竞争优势获取和企业成长的重要意义已得到学者们的普遍认同。例如，Zott 和 Amit（2007）分析了创业企业新颖型商业模式对新创企业绩效的影响。结果发现，新颖型商业模式设计与创业企业绩效间的关系显著，即使随着时间的推移和外部环境的变化，其正向关系是稳定的；Zott 和 Amit（2008）分析了商业模式选择和产品市场战略的匹配对企业绩效的影响。其中，新颖型商业模式设计与强调差异化、低成本和早期市场进入的产品市场战略相结合能够增强企业的绩效。Cucculelli 和 Bettinelli（2015）通过对376个中小型意大利企业的实证研究发现，企业在发展过程中，以创新的方式对其商业模式加以修改和完善将会对企业绩效产生显著的促进作用。Wei 等（2014）通过对176家中国企业的实证研究发现，为了促进企业的成长，不同类型的技术创新需要与不同类型的商业模式设计相匹配。其中，新颖型商业模式设计将削弱应用式创新对企业成长的负面影响，而增强探索式创新对企业成长的积极作用。

2. 新颖型商业模式设计的影响因素

鉴于新颖型商业模式设计对新创企业的重要作用，本部分重点梳理哪些因素会制约或驱动新创企业实现新颖型商业模式设计。

新创企业所在行业的主流商业模式被称为主导商业模式设计或商业模式原型。随着外部环境的不断变化和技术的不断进步，市场上的主导商业模式设计可能已无法与外部环境实现匹配。因此，创业者需要打破现有的商业模式原型，通过新颖型商业模式设计来降低环境不确定性并获得自身的生存和发展。首先，由于新颖型商业模式设计不是仅仅对主导商业模式的要素或构成进行简单的"范式改变"，而是要从根本上重塑现有的商业逻辑或交易方式，其结果可能是对传统的商业模式原型的彻底颠覆。因此，创业者自身的工作经验、教育背景、能力、认知和知识结构将会给创业者带来一定程度上的惯性，可能会制约新颖型商业模式设计的实现（Sosna 等，2010；McGrath，2010）。其次，由于"新进入者缺陷"，新创企业相比在位企业，其商业模式设计面临更高程度的环境不确定性和风险，高度的市场不确定性可能将创业者局限于现有的商业模式原型的设计轨迹中，从而制约了新颖型商业模式设计的实现（George 和 Bock，2011；吴晓波和赵子溢，2017）。

有关新颖型商业模式设计的驱动因素研究，主要包括内外两个方面：首先，外部驱动因素方面，学者们主要关注了技术、监管、竞争、利益相关者的需求等方面对新颖型商业模式设计的影响。例如，Sabatie 等（2012）指出，新技术将会彻底挑战传统行业的经营逻辑，颠覆已有的价值创造过程，因此，新技术将会带来破坏性的新的商业模式设计。Wirtz 等（2010）通过多个案例的分析后认为，基于互联网的新技术的涌现对新的商业模式设计有促进作用。Martins 等（2015）指出，监管环境的变化将导致企业与利益相关者间相互依赖的关系发生变化，这将直接促使新创企业通过新颖型商业模式设计来适应新的环境，创造和捕获新的价值。Doz 和 Kosonen（2010）指出，激烈的全球竞争带来了战略的不连续性，以及新颖型商业模式设计。Johnson 等（2008）提出，竞争的压力是企业展开商业模式创新的主要动力。Miller 等（2014）指出，外部利益相关者的需求对企业实现新颖型商业模式设计有重要推动作用。

其次，内部驱动因素方面，学者们主要关注了决策者或创业者的认知、能力、学习等对新商业模式设计的促进作用。例如，Sosna 等（2010）认为，创业者自身的认知和意会（Sensemaking）对新商业模式设计有显著促进作用。决策者可以主动地、前摄性地影响新的商业模式设计，通过类比推理和概念组合这些认知过程去借鉴、获取、吸收内外部知识并整合到新的商业模式图式（Schema）中，产生新的关于活动内容与交易方式、治理方式的组织管理认识（Martins 等，2015；迟考勋等，2016）。Achtenhagen 等（2013）通过多个企业的案例研究后提出，新的商业模式设计过程离不开以下三种关键的企业能力：以试验为导向的能力、对资源平衡使用的能力，在领导力、企业文化和员工承诺之间取得平衡和协调的能力。Smith 等（2010）提出，动态的决策制定、与利益相关者承诺的构建、多个层面的主动学习这三种领导力对有效的商业模式创新和管理有重要作用。Demil 和 Lecocq（2010）指出，新的商业模式设计是一个微调的过程，需要企业拥有保持"动态一致性（Dynamic Consistency）"的能力。Doz 和 Kosonen（2010）指出，以下三种领导行为：保持战略敏感、领导统一和资源流动对商业模式的改进和创新有促进作用。Andries 和 Debackere（2013）、Sosna 等（2010）和 McGrath（2010）指出，试验和试错学习对新商业模式设计有关键的作用。

3. 新颖型商业模式设计的实现途径

在早期的研究中,学者们普遍关注新颖型商业模式设计的内涵和作用。目前,这方面的研究已基本达成了共识。随着研究的深入,学者们开始逐渐将注意力转向如何促使新创企业实现新颖型商业模式设计。因此,新颖型商业模式设计的实现途径或实现机理的问题逐渐成为目前商业模式研究的热点和难点。

而目前有关新颖型商业模式设计的实现途径研究,主要存在三种不同的研究视角:理性定位视角(Rational Positioning View)、演化视角(Evolutionary View)和认知视角(Cognitive View)(Martins 等,2015)。

首先,理性定位视角的研究者认为,新颖型商业模式是企业理性设计的结果(Zott 和 Amit,2010),反映了决策者对于企业如何运作、如何赚钱的具体方案的理性设计和选择(Casadesus-Masanell 和 Ricart,2010)。该学派将新颖型商业模式设计的主体视为高度理性的个体,运用经济学逻辑对环境进行观察,并对环境进行充分调研和竞争性分析(Gavetti 和 Rivkin,2007)。在此基础上,对商业模式的构成部分和交易方式加以筛选以设计出最优的商业模式,并最终实现价值的创造和捕获。该学派认为,外部环境的变化会改变企业与利益相关者之间的相互依赖关系,为了应对环境的冲击,决策者需要对已有商业模式加以优化或并创新(Amit 和 Zott,2001;Teece,2010)。

其次,演化视角的研究者认为,在外部环境高度不确定的情境下,决策者是有限理性的,不可能收集到市场中的全部信息,也无法对环境进行充分的竞争性分析。因此,理性的商业模式设计是难以实现的。相比之下,企业可以通过局部搜寻、试错性学习和试验等方式对商业模式的内容、结构或治理方式进行渐进的调整,对商业模式的构成要素进行逐步的优化、筛选、修改或重塑,从而渐进性地生成新的商业模式原型,并最终实现新颖型商业模式设计(Chesbrough 和 Rosenbloom,2002;Chesbrough,2010;Sosna 等,2010;McGrath,2010)。

最后,认知视角的研究者认为,前两种视角主要强调新颖型商业模式设计是一个外部驱动的过程,是创业者在外部环境不断变化的背景下"不得不"被动选择的结果。而并未考虑在没有外部环境变化的情况下,决策者主动的认知范式的改变对新颖型商业模式设计的影响(Martins 等,2015)。该视角主要强调,新颖型商业模式设计是一个内部驱动的过程，主要通过创业者的类比推理或概念组合构建出新的价值创造逻辑。其中，类比推理的典型特征是秉持"拿来主义"的思想，强调对其他领域的商业模式模板或图式加以直接地模仿或借鉴；概念组合的典型特征是秉持"修正主义"的思想，强调对其他领域的商业模式模板或图式加以修正，并与自身的商业模式图式加以比较和组合并形成新的商业模式图式（Martins 等，2015）。例如，星巴克的 CEO 通过对"办公室""酒吧""专业零售店""画廊"这些商业模式图式的类比推理和概念组合，创造性地形成了关于咖啡店的新颖型商业模式构想并取得了巨大的成功。因此，该视角主要强调创业者要从其他领域的商业模式概念或图式中借鉴、获取新的灵感，并对相关价值创造和捕获的主观认知图式加以组合安排以产生新的商业模式图式（Business Model Schema）（Martins 等，2015；吴晓波和赵子溢，2017）。

三、现有研究的不足和展望

根据对以往研究的总结分析发现，现有研究对如何实现新颖型商业模式设计并未取得一致的研究结论，存在三种不同的研究观点，这既是目前研究的不足，也为未来研究带来了机会。具体来说，现有研究的不足主要表现在以下两个方面：

1. 对如何实现新颖型商业模式设计存在观点的争论

现有研究对如何实现新颖型商业模式设计存在着三种不同的研究视角：理性定位视角、演化视角和认知视角，分别代表三种不同的观点。首先，理性定位视角的研究者认为，新颖型商业模式设计是企业理性设计的结果。企业在对环境进行理性分析的基础上，对商业模式的内容、结构或治理方式进行理性的设计与改进，从而实现新颖型商业模式设计（Casadesus-Masanell 和 Ricart，2010；Teece，2010）；其次，演化视角的研究者认为，决策者的有限理性和环境高度不确定性决定了企业要通过不断的试验，对商业模式的内容、结构或治理方式进行渐进的调整，并在不断试错和迭代中实现新颖型商业模式设计（Chesbrough，2010；Sosna 等，2010）；最后，认知视角的研究者认为，前两种视角均把外部环境的变化视为商业模式设计的驱动力，而未考虑决策者主动的认知范式的改变对新颖型商业模式设计所发挥的作用（Martins 等，2015）。观点的争论说明，新颖型商业模式设计的实现途径依旧是不清晰的。

2. 新颖型商业模式设计的具体过程不清晰

商业模式的研究者指出，未来的商业模式研究应重点关注商业模式设计的具体实现过程（Schneider 和 Spieth，2013；Foss 和 Saebi，2017）。根据效果理论，因果逻辑和效果逻辑是决策者在资源约束和不确定性环境中进行决策制定时所采用的两种不同的决策逻辑，用于指导具体的创业行为或过程，进而实现某种创业结果（Sarasvathy，2001）。而新颖型商业模式设计作为一种具体的创业结果，其最终的实现离不开决策逻辑的引导（Chesbrough，2010；Teece，2010）。然而，现有文献却缺乏从过程视角探讨决策逻辑（效果逻辑和因果逻辑）通过何种具体的创业行为或过程促进新颖型商业模式设计的实现。而创业学习作为一种具体的创业行为，在以往的研究中已经暗示了其可能发挥的中介作用，理由如下，第一，效果理论已指出，因果逻辑可以引导创业者通过创业学习来不断完善商业计划，效果逻辑可以引导创业者通过创业学习来不断试错和试验；第二，组织学习理论指出，通过创业学习可以为新颖型商业模式设计奠定知识基础。然而，现有文献缺乏探讨创业学习是否以及如何在决策逻辑影响新颖型商业模式设计过程中发挥中介作用。

此外，在当前研究中，关注商业模式背景下的创业学习文献较少，为数不多的研究主要以案例分析为主，重点强调基于经验的试错学习对商业模式的影响（Andries 等，2013；Sosna 等，2010；Demil 等，2015）。并且，为数不多的研究往往在概念上将创业者不同来源的经验视为等同。实际上，虽然新创企业的创业学习主要以经验学习的形式存在（Politis，2005），但经验学习既包括从自身的经验中直接获取一手知识，并不断试错的经验性学习，也包括从自身以外的其他个体或对象处间接地获取二手知识的获得性学习（Baum 等，2000；Holcomb 等，2009；Argote 和 MironSpektor，2011；Wang 和 Chugh，2014），两者为新创企业带来不同的知识基础（Baum 等，2000；Holcomb 等，2009），对新颖型商业模式设计产生不同的影响（Berends 等，2016）。然而，现有研究仍未能识别并检验上述两种创业学习方式是否在决策逻辑与新颖型商业模式设计间的关系中发挥不同的中介作用。最后,从研究方法来看,创业学习对新颖型商业模式设计的研究更多的是以案例研究为主,基于企业样本的实证研究仍然非常缺乏(Demil 等,2015)。

第二节 效果理论研究评述

20 世纪 80 年代中期,美国管理学大师彼得·德鲁克指出,新兴的创业型经济正在取代传统的管理型经济。传统的管理型经济以成熟的大企业为主导,遵循"目标—计划—组织—控制"的理性决策逻辑,强调决策制定首先要对外部环境展开理性的调研和预测,根据预先设定的目标从众多可行的方案中筛选出预期收益最大化的方案,并制订出清晰的计划,以指导后续活动的开展。

然而,在创业型经济环境中,创业者面临着高度不确定的外部环境,决策目标是模糊的,市场和用户是不确定的,创业机会是未知的。创业者需要在信息不对称、环境不确定和有限理性的情境下制定创业决策,而无法事先制定出清晰的目标。因此,传统的理性决策逻辑在创业情境下难以发挥作用。基于此,美国弗吉尼亚大学达顿商学院教授 Sarsa Sarasvathy 于 2001 年提出了效果理论(Effectuation Theory)(又称效果逻辑理论、效果推理理论)。该理论试图解释创业者如何在高度不确定的情境下制定创业决策的问题,被认为是近年来创业研究领域最重要且具有原创性的理论。

首先,本部分介绍了效果理论的提出背景;其次,阐述了效果理论的两个核心概念(效果逻辑与因果逻辑)的内涵界定与比较;最后,梳理了创业情境下效果理论研究的最新进展,识别出现有研究的不足和未来研究的空间,从而导入本书的切入点和理论视角。

一、效果理论的提出背景和核心概念

1. 效果逻辑的提出背景

效果理论的理论渊源最早可追溯到赫伯特·西蒙 1978 年提出的决策理论,

该理论认为，管理者或决策者在进行决策时，所拥有的资源、知识、能力和经验都是有限的，所拥有的信息是不对称的，外部环境是不确定的。因此，决策的结果无法追求最优解，而应该追求满意解。也就是说，管理者或决策者在现实情境下应被视为是介于完全理性和非理性之间的有限理性的个体，实践中的决策应从有限理性出发，从各种可能的决策方案中选择一种"令人满意"而非"最优"的决策方案。西蒙教授因在决策理论研究方面的突出贡献而获得了1978年的诺贝尔经济学奖。作为西蒙教授的关门弟子，Sarsa Sarasvathy教授将决策理论的思想应用到创业的研究情境中，提出了效果理论（Effectuation Theory）。

以往大部分的创业研究都遵循新古典经济学的假设，认为创业研究是基于理性的决策制定。例如：Drucker（1998）提出，大多创业机会都是通过有目的的搜寻过程被识别出来的。新创企业的竞争优势由其机会的识别和开发能力，以及所拥有的资源所决定，创业者通过理性的目标导向行为来追求创业机会（Chandler和Jansen，1992；Cooper等，1994）。该战略决策的模式被称之为因果逻辑，主要强调传统的预测和计划的过程。

然而，Sarasvathy（2001）指出，新创企业在初建时，市场和目标用户其实是模糊的，外部环境的高度不确定性和信息不对称性等决定了创业者在开展创业活动之前无法制定出清晰的目标。加上创业者自身能力、知识和经验的约束使创业其实是一个"摸着石头过河"的摸索过程（Alvarez和Barney，2005）。不确定的未来状态是创业者一直面临的困惑（Read等，2009a）。事实上，创业的过程通常有以下三个特点：奈特不确定性、目标模糊性和信息无向性（Sarasvathy，2001）。因此，Sarsa Sarasvathy教授在此背景下提出了效果理论，并强调在创业情境下，创业者应主要遵循效果逻辑的决策方式（Sarasvathy，2001）。

2. 效果理论中两个核心概念的界定和比较

作为效果理论的两个核心概念，因果逻辑（Causation）和效果逻辑（Effectuation）是创业者在资源约束和不确定的环境中，当开展创业活动或制定创业决策时所遵循的两种认知范式。虽然大部分创业学者指出，创业者在面临高度不确定的外部市场环境时，采取效果逻辑能取得更好的绩效（Sarasvathy，2001；Read和Sarasvathy，2005；Sarasvathy和Dew，2005；Wiltbank等，2006；Dew等，

2009),但是也不可忽视因果逻辑在创业情境下所能发挥的作用(Nummela 等,2014;Maine 等,2015;Reymen 等,2015;Appelhoff 等,2016;Reymen 等,2017;Ott 等,2017)。

关于两者的含义,最初 Sarasvathy 等(1998)运用有声思维的试验方法来提取被试的创业者所采用的决策逻辑,让被试的创业者大声地描绘出他们决策制定时的思维过程。通过该试验方法将其潜在的决策逻辑抽取出来,并与被试者实际的决策进行对比后,他们开发了五条决策原则来区分因果逻辑和效果逻辑。这五个决策原则分别是:①以既定的目标或手段为出发点;②聚焦于预期的回报或可承受的损失;③强调竞争性分析或战略联盟;④强调对已有知识的充分利用,或强调对环境中所蕴含的新机会的利用;⑤认为未来是可预测的,或认为未来是不可预测的。

Sarasvathy 等(1998)通过试验发现,当创业者运用因果逻辑时,将会对环境展开竞争性地分析,在此基础上制定出清晰的目标和计划,并以预期回报最大化为原则,注重对已有知识的充分利用,以最大程度地实现既定的目标。而当创业者采用效果逻辑时,将充分注重对手头已有资源的充分利用,主动思考"我是谁""我认识谁""我知道什么"。在对手头资源进行评估的基础上,以可承受的最小损失为原则,推进下一步的行动;在行动过程中,注重与利益相关者开展战略合作;同时,积极应对行动过程中随时出现的意外事件。

下面以厨师做饭为例清晰地说明两者之间的区别。如果一位厨师被安排了一项做饭的任务,他完成此项任务有两种决策逻辑可以选择。首先,如果菜单是既定的,厨师需要做的是,列出所需要的原材料和厨具,购买之后来烹饪菜肴。这就是因果逻辑的决策方法:目标(菜谱)是既定的,聚焦于如何通过各种手段(原材料和厨具)来实现目标;其次,如果厨师仅被告知要依据厨房内现有的原材料和厨具去烹饪菜肴,而并未限制菜单,厨师则需要根据现有的原材料和厨具去想象可能的菜单并准备菜肴。这就是效果逻辑的决策方法:手段(原材料和厨具)是既定的,聚焦于如何运用已有的手段来实现可能的目标(菜单)。表2-4详细地比较了因果逻辑和效果逻辑的差异。

效果理论已被认为是创业研究领域近几年以来涌现出来的新理论,主要体现了创业研究范式的改变(Sarasvathy,2001)。但自从该理论提出以来,学术界围绕效果理论是否可以被称之为可行的理论展开了激烈的讨论。一些学者（Fisher，2012；Coviello 和 Joseph，2012）持支持态度，认为该理论是非常有价值的，有助于解释创业行为和创业现象；而另外一些学者（Chiles 等，2007；Baron，2009；Perry 等，2012）持批评态度，认为效果理论边界不清晰、是对决策理论的演化、没有得到合理的检验。针对上述争议，Arend 等（2015）基于3E（Experience，Explain，Establish）理论评估框架，对效果理论的相关观点进行综合评价和分析后指出，效果理论可以被称得上是创业领域的新理论。该理论体现了创业者如何在因果逻辑难以发挥作用的环境中开发机会的战略决策模式，将对推进创业研究有潜在的巨大贡献（Perry 等，2012）。

表2-4　因果逻辑和效果逻辑的比较

比较类别	因果逻辑	效果逻辑
既定的前提条件	清晰的目标和计划	有限的手段和工具
决策选择的原则	预期收益最大化	可承受的损失
应对不确定性的首要策略	思考（Think first）	行动（Act first）
对利益相关者的态度	强调竞争	强调前期承诺与战略联盟
对未来的态度	聚焦于对不确定的未来进行预测	聚焦于对难以预测的未来加以控制
适用情境	静态的、线性的、稳定的情境	奈特不确定性、非线性的动态情境
对机会的认识	机会是外生性的，是被识别出来的	机会是内生性的，是被创造出来的
擅长的能力	擅长于对已有知识的运用	权变地利用手段识别机会并适应环境
应对未来的策略	尽可能地全面地收集和分析信息	试验、试错和迭代

资料来源：根据 Sarasvathy（2001）和 Fisher（2012）整理。

图2-2和图2-3分别描述了因果逻辑和效果逻辑作用发挥的过程。如图2-2所示，因果逻辑始于对创业机会的识别和评估。在此基础上，制定出清晰的目标和计划，通过竞争性地分析和市场反馈，对目标实施方案加以调整，以保证在现有市场中开发出新的市场份额。如图2-3所示，效果逻辑强调，决策者面临的环境是不确定的，手头拥有的资源是有限的。在开展创业活动时，需要以手头可利用的手段为基础，注重与利益相关者建立合作关系，灵活应对意外事件；

通过不断地试验将手头的资源加以利用,以产生可行的效果,再根据目标的实施效果对行动和决策加以调整,最终创建出新产品、新服务、新市场等"人工制品"(Artifact)。

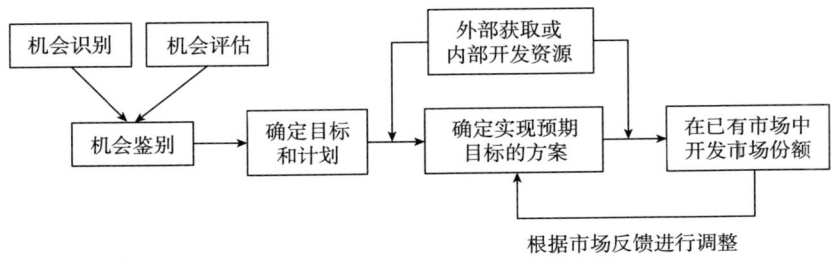

图 2-2 因果逻辑的作用发挥过程

资料来源:Fisher(2012)。

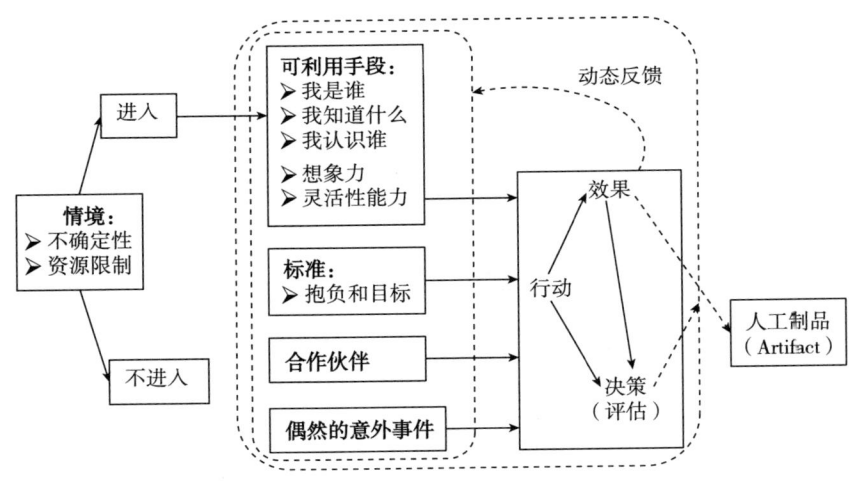

图 2-3 效果逻辑作用发挥的过程

资料来源:Arend 等(2015)。

3. 因果逻辑和效果逻辑的关系研究

自从效果理论提出以来,学者们针对该理论中的两个核心概念间的关系也展开了讨论，目前主要存在两种不同的观点。

第一种观点认为，在区分因果逻辑和效果逻辑差异性的基础上，两者间是对立的关系，代表了连续统一体的两端（Opposite Ends of a Continuum）。例如，Corner 和 Ho（2010）通过案例研究指出，因果逻辑和效果逻辑代表两种截然不同的认知范式，分别对应机会的识别和机会的创造；Brettel 等（2012）基于两者间的对立关系，分别开发了相应的测量量表。

第二种观点认为，两者并非截然相反的对立关系，而是正交的（Orthogonal）关系（Perry 等，2012）。例如，"手段导向"的对立面并非是"目标导向"；"聚焦于可承受损失"的对立面并非是"聚焦于预期收益最大化"；"注重构建战略联盟"的对立面并非是"注重竞争性分析"；"善于对意外事件加以权变地利用"的对立面并非是"善于对已有知识的利用"；"试图对不可预测的未来加以控制"的对立面并非是"试图对有风险的未来加以预测"。因此，在不同的决策情境下，两种决策逻辑可能会同时出现（Occur Simultaneously），甚至会重叠（Overlapping）或交织（Intertwining）在一起（Sarasvathy，2001）。然而，为了使理论阐述更清晰，学者们普遍沿用 Sarasvathy（2001）的观点，将两者视作为二分法（Dichotomy）变量（Chandler 等，2011；Nummela 等，2014；Reymen 等，2015；Smolka 等，2016；Reymen 等，2017）。并且，学者们进一步指出，在某些情境下，决策者的主导决策逻辑会动态地发生变化，决策者以某种决策逻辑为主导有助于更好地实现决策目标；而在某些情境下，决策者同时加强两种决策逻辑的作用有助于更好地实现决策目标。

一方面，有研究认为，面对不同的决策事件或不同程度的环境不确定性，决策者以某种决策逻辑为主导有助于更好地实现决策目标。例如，Reymen 等（2017）指出，在商业模式开发过程中，决策者的主导决策逻辑会动态地发生变化。当确定价值主张时，效果逻辑占据主导地位；当确定商业模式的其他构成部分时，因果逻辑占据主导地位；而当企业需要应对资源短缺时，效果逻辑又重新占据主导地位。Reymen 等（2015）指出，外部环境的不确定性、企业自身的资源状况或来自外部利益相关者的压力会影响决策者对某种主导决策逻辑的运用。Nummela 等（2014）认为，天生全球化企业在制定战略决策时，一些关键事件会促使某种决策逻辑占据主导地位。Chetty 等（2015）提出，创业企业在国际化进程的决策制定过程中,面对不同的决策事件,决策者应采取不同的主导决策逻辑。具体来说,当制定国外市场选择的决策时,应主要采用因果逻辑;当制定国外市场进入的决策时,应主要采用效果逻辑。

另一方面,有研究认为,决策者同时加强两种决策逻辑的作用有助于更好地实现决策目标。例如,Smolka 等(2016)以学生创业者为样本,通过实证研究发现,因果逻辑和效果逻辑可被看作是一对互补的逻辑,两者不仅可以共存,而且还存在互补作用,当学生创业者同时运用两种决策逻辑时,将会对其绩效产生更大的促进作用。尤其是,因果逻辑和前期承诺的结合使用将会更大程度地提升其绩效。

二、效果理论的研究进展

自从效果理论被引入到创业研究领域以来,受到了创业学者的极大关注(Perry 等,2012)。从现有的文献来看,目前,有关该理论的研究可以被分为两大类:概念性的研究和实证性的研究。其中,实证性研究又包括:实验研究(Experimental Studies)和实地研究(Field Studies)。实地研究又包括案例研究和定量研究。案例研究主要是采用内容分析的方法考察了效果逻辑的某一个子维度的表现,并开发了一些定性的测量方式。最初的定量研究主要关注于因果逻辑和效果逻辑的测度,效果逻辑与企业绩效间的关系;近期的定量研究开始将效果逻辑运用到其他领域,例如,战略领域(Wiltbank 等,2006)和创新领域(Brettel 等,2012;Berends 等,2014),主要探索效果逻辑对战略制定、创新、商业模式设计等的影响、两种决策方式的适用情境、两种决策逻辑之间的关系。下面将对上述研究成果加以梳理。

1. 效果理论的概念性研究

效果理论的概念性研究主要提出了效果理论是创业研究的一个新范式,并提出了一些关键的研究问题(见表 2-5)。这些研究问题主要包括:企业是如何被创建的、效果理论是什么(Sarasvathy,2001)、创业者如何成功地开发新市场(Dew 等,2008a)等。上述研究的主要贡献是提出了效果理论、界定了效果逻辑的概念、描述了因果逻辑与效果逻辑间的差异、阐述了为何引入效果理论以及运用效果理论的原则。也有一部分概念性研究提出了若干有待检验的研究命题。例如，效果逻辑与过度信任的倾向（Goel 和 Karri，2006；Karri 和 Goel，2008），效果逻辑与创造性想象力（Chiles 等，2007）之间的关系。另外，Dew 等（2009）探讨了可承受损失（效果逻辑的子维度）与决策制定间的关系。

表 2-5 效果理论的概念研究总结

作者	研究问题	理论贡献
Sarasvathy（2001）	企业是如何被创建的	提出了效果理论并比较了效果逻辑与因果逻辑之间的差异
Read 和 Sarasvathy（2005）	效果逻辑和创业经验、企业绩效间有何关系	提出了创业经验、效果逻辑与新创企业绩效间关系的五个相关命题
Goel 和 Karri（2006）	创业者为什么会有过度自信的倾向	创业者的某些个性特征使得其在使用效果逻辑时存在过度自信的倾向
Wiltbank 等（2006）	创业者在面临不确定的情境时如何做决策	面临不确定的环境，效果逻辑被认为是新创企业和在位企业制定决策的有效方法
Dew 等（2008a）	新创企业在创立之初是如何运作的	相比在位企业，新创企业更多采用效果逻辑的决策方式开展创业活动
Dew 等（2008b）	在位企业如何采用创业的视角开发新市场	在位企业采用效果逻辑可避免进入"创新者窘境"，保持创新活力
Sarasvathy 等（2008）	效果逻辑是否影响企业的发展和外部环境	采用效果逻辑的决策者对企业的发展和外部环境施加了重要的影响
Dew 等（2009）	个体在创业时是如何理解可承受损失的	详细阐述了可承受损失的含义，并分析了可承受损失对战略创业的意义

资料来源：作者整理。

2. 效果理论的实证性研究

效果理论早期的实证研究主要是以实验的研究方法识别了创业者与非创业者如何应对风险和回报（Sarasvathy 等，1998；Sarasvathy 和 Dew，2005；Dew 等，2009；Read 等，2009a）。虽然实验研究的样本量和研究问题不完全相同，但是都采用了相似的实验步骤和分析技术。具体来说，在每一个实验中，被试的创业者面临不同的情景和特定的有关风险、回报的某些具体研究问题。在回答问题时，他们被要求大声地描述出自身思维的过程。作者运用口语报告分析法剖析了这些思维的逻辑过程（Dew 等，2009）。实验方法对效果理论的最大贡献体现在：提出了创业者和非创业者在感知风险和回报方面是有显著差异的、应对风险和回报所采用的决策逻辑方式是有差异的、面对不确定环境的态度是有差异的。

除了实验研究之外，还有学者采用实地研究方法，通过案例研究和定量研究（Wiltbank 等，2009；Chandler 等，2011）来检验效果理论。

案例研究主要是采用内容分析法探讨了效果逻辑的作用，以及因果逻辑和效果逻辑的动态变化性。例如，Sosna 等（2010）以 Naturhouse 为案例提出，强调不断试错学习的效果逻辑能帮助企业在商业模式创新的探索和应用两个阶段不断调整商业模式的要素、架构和内容。Andries 等（2013）通过对六个案例的分析发现，在不确定的环境中，强调试验、搜寻和试错学习的效果逻辑有助于商业模式创新。Reymen 等（2017）通过案例研究发现，因果逻辑和效果逻辑对商业模式开发均非常重要。当确定全新的价值主张时，效果逻辑占据主导地位；当确定商业模式的其他构成要素时，因果逻辑占据主导地位；当新创企业应对资源短缺时，效果逻辑又重新占据主导地位。Sitoh 等（2014）采用案例研究指出，两种决策逻辑可以共存，内外环境因素决定了两者作用发挥的效果有差异。

在定量研究的文献中，最初的研究主要运用因子分析的方法探索了，如何测度因果逻辑和效果逻辑，效果逻辑与企业绩效间有何关系，以及效果逻辑和因果逻辑作用发挥的情境因素。

首先，在变量测度方面，一些学者最初把因果逻辑和效果逻辑视作反映型指标（MacKenzie 等，2005；Coltman 等，2008）。Chandler 等（2011）开发了相应的测量量表并检验了两者间的差异。研究发现，因果逻辑的题项间有显著的相关关系，而效果逻辑是一个多维构念，有四个子维度构成：可承受损失、试验、前期承诺和灵活性。因此，效果逻辑应被看成是一个形成型指标。

其次，在效果逻辑与企业绩效的关系研究方面，Read 等（2009b）曾针对两者关系做了元分析，研究发现，除了可承受损失与企业绩效间是不显著的负向关系之外，效果逻辑的其他维度与企业绩效间都是显著的正向关系。

最后，在有关两种决策逻辑适用情境的研究方面，现有文献主要考察了以下情境因素：企业发展阶段、创业经验、环境不确定性、企业规模、创新性水平等。例如，Reymen 等（2015）指出，决策逻辑具有情境依赖性，随着市场环境不确定性的水平和形式的变化，不同决策逻辑作用发挥的效果也会发生变化。表2-6 总结了效果逻辑的试验研究和早期实证研究成果。

表 2-6　效果逻辑的试验研究和早期实证研究总结

作者	研究问题	研究方法	理论贡献
Sarasvathy 等（1998）	创业者与非创业者在应对风险和回报时的决策逻辑有何差异	试验研究：口语报告分析法和均值方差分析法	创业者更多采用效果逻辑，而非创业者更多采用因果逻辑
Sarasvathy 和 Dew（2005）	创业者如何应对不确定性的未来	试验研究：口语报告分析法	创业者基于"我是谁，我知道什么，我认识谁"来控制不确定的未来
Read 等（2009a）	有经验创业者更多采用效果逻辑吗	试验研究：口语报告分析法	在制定市场营销决策时，有经验的创业者更多采用效果逻辑，更少采用因果逻辑
Chandler 等（2011）	如何测度效果逻辑	探索性和验证性因子分析	开发出了效果逻辑的测量量表，效果逻辑由4个子维度构成
Read 等（2009b）	效果逻辑与企业绩效的关系是什么	元分析	除了可承受损失之外，效果逻辑其他维度与企业绩效间都是显著的正向关系
Brettel 等（2012）	如何促进研发活动成功？效果理论能否运用到成熟企业中	一手数据的定量研究	因果逻辑和效果逻辑均有助于研发绩效；当研发项目创新性水平较高时，效果逻辑发挥更大作用
McMullen 和 Shepherd（2006）	环境不确定性如何影响创业行为	定性研究	外部环境不确定性影响效果逻辑和因果逻辑作用的发挥
Alvarez 和 Barney（2005）	在不确定的环境下，新创企业如何创建	定性研究	在新创企业创建的早期阶段，灵活性的决策逻辑很重要，而在后期阶段，市场逐渐成熟，制定决策时应加强计划的作用

资料来源：作者整理。

在国外研究成果的基础上，国内的创业学者也逐渐开始对效果理论产生极大的兴趣。早期的国内学者将注意力集中在对国外成果的总结和梳理方面（秦剑，2010，2011；方世建，2012；郑秀芝和龙丹，2012）。

近期的国内学者开始将重点放在效果逻辑的实证研究方面，包括，探索效果逻辑的前因变量和结果变量，以及影响效果逻辑作用发挥的调节变量。例如，彭学兵等（2017）提出，创业网络的关系强度和关系质量通过效果推理型创业资源整合的中介作用影响新创企业的绩效。胡海青等（2017）提出，创业网络规模和网络强度对效果推理有积极促进作用，而效果推理对新创企业的融资绩效有积极的促进作用，环境动态性会对效果推理作用发挥产生调节作用。吴隽等（2016）通过对手机 APP 新创企业的多案例研究发现，效果逻辑能够促进机会的进化和商业模式的微创新，并且奈特不确定性水平越高，创业者越可能利用效果逻辑进行创业。郭润萍（2016）通过对中国 215 家新创企业数据的实证研究发现，效果逻辑可通过创业者的知识获取提升新创企业的创业能力。张玉利和赵都敏（2009）以中国新创企业为样本数据，验证了环境不确定性对手段导向行为与新创企业成长绩效间的关系有正向调节作用，对目标导向行为与新创企业成长绩效间的关系有负向调节作用。Cai 等（2017）以中国新创企业数据为样本，实证探索了效果逻辑通过探索性学习的中介作用影响新创企业绩效。

三、效果理论的研究不足与展望

根据对以往研究的总结分析发现，现有的研究存在以下不足：

1. 现有研究对采用何种决策逻辑来实现新颖型商业模式设计存在观点争论

效果理论是创业研究领域最新涌现出来的新理论，该理论主要将因果逻辑和效果逻辑这两种决策逻辑作为核心的概念。虽然现有研究对于两者间的差异和两者间的关系，以及两者对企业绩效的积极影响基本达成了共识，但是对于新创企业到底采取何种决策逻辑实现新颖型商业模式设计的研究还存在观点的争论。首先，一些学者认为，新颖型商业模式设计是创业者以因果逻辑为主导而实现的。企业应根据内外部环境的变化，在对环境进行竞争性分析的基础上，对商业模式的内容、结构或治理方式进行理性设计与改进，从而产生新的商业模式（Casadesus-Masanell 和 Ricart，2010；Teece，2010）；其次，另一些学者认为，新颖型商业模式设计是创业者以效果逻辑为主导而实现的。高度不确定的外部环境和创业者的有限理性决定了新创企业要通过不断的试验，对商业模式的内容、结构或治理方式进行渐进的调整，并在试错学习中实现新的商业模式设计（Chesbrough，2010；Velu 和 Jacob，2016）

2. 因果逻辑和效果逻辑所适用的情境因素的研究还不够深入

在情境因素的挖掘方面，现有文献主要考察了环境不确定性（McMullen 和 Shepherd，2006）、企业发展阶段（Alvarez 和 Barney，2005）、创业经验（Dew 等，2009）、突发的刺激事件（Reymen 等，2017）、业务范围的变化（Reymen 等，2015）、外部的融资和监管的限制（Maine 等，2015）、企业在行业内的成长机会和空间（Futterer 等，2018）等对决策逻辑作用发挥的不同影响。然而，以上相关研究有一个共同的假设前提：在市场不确定性程度较高的环境中，创业者更倾向于运用效果逻辑来识别和开发机会；而在市场不确定性程度较低的环境中，创业者倾向于采用因果逻辑来识别和开发机会（Read 和 Sarasvathy，2005；Sarasvathy 和 Dew，2005；Wiltbank 等，2006；Dew 等，2009）。然而，近期有学者指出，因果逻辑在市场不确定性较高的环境中同样发挥重要作用（Maine 等，2015），并且，不同形式的市场不确定性会影响两种逻辑作用发挥的效果，进而影响着决策者对不同决策逻辑的选择和使用（Reymen 等，2015）。然而，现有文献并未识别并区分市场不确定性的具体表现形式，也缺乏相应的实证研究（Arend 等，2015；汪寿阳等，2015）。因此，深入探讨不同形式的市场不确定性如何影响不同决策逻辑作用发挥的效果将有助于为效果理论的边界条件增添新知识。

第三节 组织学习理论研究评述

作为资源基础理论的延伸，知识基础理论认为，知识才是对企业最有战略价值的资源,对于企业获取竞争优势起关键作用(Grant,1996)。因此,如何获取、创造、积累、存储及应用知识是企业必须要关心的问题,而组织学习理论正是在此背景下应运而生的(Levitt 和 March,1988;March,1991;Kogut 和 Zander,1996;Zahra 等,1999)。组织学习的概念早在 20 世纪 70 年代就有学者提出(Argyris 和 Schon,1978),最早的研究对象是成熟企业,探讨成熟企业如何与环境互动来获取知识,日后逐渐成为战略和组织研究的热点。由于组织学习理论建立在多个不同的学科基础之上,因此,不同的学者基于自身研究目的和研究视角的不同,对于其内涵和分类有不同的理解。下面逐一介绍不同学者对组织学习的内涵和分类的界定。

一、组织学习的内涵和分类

本部分重点梳理并总结了学者们根据各自的研究目的和研究视角的不同所提出来的对组织学习内涵的理解。具体如表 2-7 所示。

表 2-7 组织学习的内涵界定

作者	组织学习的内涵
March 和 Simon(1958)	面对环境变化企业所做出的决策调整,具体反映在信息收集和处理方式的改变
Cangelosi 和 Dill(1965)	组织学习是一个零散的、逐步的过程
Argyris 和 Schon(1978)	识别并纠正错误的过程就代表了组织学习的过程
Shrivastava(1983)	组织学习是一个积累、开发、创造组织知识的过程
Fiol 和 Lyles(1985)	组织学习是通过增加知识和理解力来更好地适应环境的过程
Levitt 和 March(1988)	组织学习是企业从历史或惯例角度对推理展开编码,进而引导行为的过程
March(1991)	组织学习包括对新的可能性的探索和已有惯例的应用两个方面
Huber(1991)	组织学习是企业改变信息处理模式来改变潜在的行为管理的过程
Dodgson(1993)	组织学习是企业通过获取新知识来修正行为或行动的过程
Goh 和 Richards(1997)	组织学习是通过持续适应和改进来提升组织能力的过程
Crossan 等(1999)	组织学习是思维、行动和战略变化的过程,受到组织制度的影响

资料来源:作者整理。

通过以上不同学者对组织学习概念的界定，可以总结出组织学习主要体现了以下几个特点。第一，组织学习是一个过程，并且该过程非常复杂，受到各种环境（例如，市场环境、制度环境、文化环境等）的影响；第二，组织学习的结果是积累、创造或获取了新知识；第三，组织学习的目的与提升企业绩效、获取竞争优势等密不可分；第四，通过学习可以更好地适应环境，降低环境不确定性，或改变学习者的认知或行为惯例；第五，组织学习可以涉及多个层面。

由于学者们对组织学习的内涵没有达成统一的意见，导致组织学习的划分方式也根据不同的研究目的和研究视角呈现出了不同的类型或分类标准。

首先，组织学习可被划分为单环学习和双环学习（Argyris和Schon，1978）。单环学习是一种维持性或改良性的学习，强调学习者可以通过具体的观察或体验形成简单的抽象概念，以便解决简单问题，该学习方式是一种线性的学习方式，未涉及对组织既定假设的反思和纠正；而双环学习强调，要对问题背后的假设和价值观提出质疑，进而加以修正和纠偏，以更好地适应环境的变化。该学习方式涉及对学习者心智模式的挑战，不仅关注问题本身，而且也更加关注问题背后的假设和规则。

其次，组织学习也可被划分为探索式学习和开发式学习（March，1991）。探索式学习是指企业对新知识和新惯例的探索和试验，强调对新知识的获取；开发式学习是指对已有知识、技能或能力的改进、扩展或完善，强调对已有知识的充分利用。另外，组织学习也可被划分为试验性学习和获得性学习（Zahra等，1999）。试验性学习强调，在企业边界之内通过试验、创新等方式来创造新知识；获得性学习强调，对企业边界之外的知识的获取、转移、吸收和利用。

最后，还有学者将组织学习划分为生成性学习和适应性学习（Slater和Narver，1995）。生成性学习强调，学习的结果是为企业已有的知识基础带来突变性的变化；适应性学习强调，学习的结果是为企业已有的知识结果带来渐进性的变化。主要的组织学习分类如表2-8所示。

从当前研究来看，虽然很多学者对组织学习有很多的划分方式，但是March（1991）的探索式学习和利用式学习，以及Zahra等（1999）的实验性学习和获得性学习应用的最为广泛。

表 2-8 组织学习的主要分类方式

作者	组织学习的分类	不同学习方式的内涵
Argyris 和 Schön（1978）	单环学习 双环学习	前者是一种维持性的简单学习方式，未涉及对组织既定假设的反思和纠正；后者强调要对问题背后的假设和价值观提出质疑，进而加以修正和纠偏，以更好地适应环境的变化
Fiol 和 Lyles（1985）	低阶学习 高阶学习	低阶学习可以常规性地出现在企业各个层级，强调对行为的重复以产生路径依赖，其影响是局部性的和短期的；高阶学习通常是非常规性的，通常出现在企业高层，强调通过启发式思考对现有规则加以调整，其影响是全局性的和长期的
March（1991）	探索式学习 开发式学习	前者强调企业对新知识和新惯例的探索和试验，强调对新知识的获取；后者强调对已有知识、技能或能力的改进、扩展或完善，强调对已有知识的充分利用
Zahra 等（1999）	试验性学习 获得性学习	前者强调在企业边界之内通过试验、创新等方式来创造新知识；后者强调对企业边界之外的知识的获取、转移、吸收和利用
Slater 和 Narver（1995）	生成性学习 适应性学习	前者强调学习的结果是为企业已有的知识基础带来突变性的变化；后者强调学习的结果是为企业已有的知识结果带来渐进性的变化

资料来源：作者整理。

二、创业学习的相关研究

前面提到，组织学习理论最早被应用于成熟企业，主要探讨成熟企业如何适应外部环境获取知识这一关键的战略性资源，并最终获取竞争优势的问题。当被应用于创业研究领域，关注创业者的成长和新创企业的发展时，就产生了创业学习的概念。因此，创业学习是组织学习理论在创业研究领域的新应用，被视为是整合创业实践与组织学习理论的关键要素（Cope，2005），现已成为创业研究的热门话题。

更有学者指出，创业的本质实际上就是一个学习的过程，而创业理论的发展和进步更是离不开创业学习的支撑（Minniti 和 Bygrave，2001）。与组织学习相比，创业学习面临的任务复杂且高度不确定，因此，在学习动机、目标、任务、情境等多个方面与组织学习存在较大差异（Deakins 和 Freel，1998；Wang 和 Chugh，2014；朱秀梅等，2013）。由于本书的研究对象是新创企业，因此，以下部分是重点回顾和梳理创业学习的内涵界定、学习方式和影响因素等。

1. 创业学习的内涵界定

首先，在提出创业学习时并未被视为是一个理论构念，其内涵没有明确的界定（Lamont，1972）。学者们只是基于经济学视角发现了学习对企业创新（Schumpeter，1934）和提高警觉性（Kirzner，1973）的重要作用。

其次，创业学习开始以经验学习的形式出现。例如，Kolb（1984）指出，经验学习（Experiential Learning）是指创业者通过对先前以往经验或知识的转化不断创造和积累新知识的过程。主要包含三个不同的要素：第一，先前经验或知识；第二，个体获取新信息和经验的过程；第三，将获取到的新信息和经验转换为新知识的方式。其内涵要点主要包括四个方面：第一，经验学习主要强调过程而非内容或结果；第二，在该过程中，知识是一个不断地被创造和再创造的转换过程，而非以独立实体的形式被获取或转移；第三，经验学习同时转换了主观和客观两种形式的经验；第四，经验的获取和转换是学习过程的核心。

再次，直到1998年，Deakin 和 Freel 才正式将创业学习视为一个理论构念。Rae（2006）最早提到了创业学习的概念内涵，认为创业学习主要关注创业者如何识别并开发创业机会，以及如何组织并管理新创企业等。在此基础上，Minniti 和 Bygrave（2001）进一步提出，创业学习是指能增强创业者自信心并扩充其知识集合的行为过程，创业者不仅要从成功经验中学习，而且还要从失败经验中吸取教训。

最后，还有学者基于心理学视角探索创业学习的内涵。例如，Carswell 和 Rae（2006）指出，创业者在创业过程中的信心是创业学习的核心要素，会通过价值观和成就动机来影响创业目标的制定和实施。Young 和 Sexton（2003）指出，创业学习是创业者获取、保留、使用创业所需知识的各种认知过程。Cope（2003）认为，创业学习是一个涉及创业者意识、反思、关联和应用的动态过程，具有社会化和情境化的特征。

虽然以上不同视角下的创业学习的内涵还存在一定的分歧，但基于经验学习视角，认为创业学习是在经验学习的基础上对新知识进行吸收、组织和转换，以再次创造新知识、识别新机会、指导日后的常规性和非常规性创业活动的过程已得到大多数学者的认可（Politis，2005；Holcomb 等，2009；Man，2012；Wang 和 Chugh，2014；朱秀梅等，2013；单标安等，2014）。

2. 创业学习的过程描述

创业学习通常被认为是一个经验学习的过程，而经验学习包括两类互相关联的经验领会的方式：具体体验（Feeling）和抽象概念（Thinking），以及两类互相关联的经验转换的方式：反思观察（Watching）和积极试验（Doing）（Kolb，1984）。具体体验是观察和反思的基础，再把反思提炼成抽象的概念，这些抽象的概念为下一步的行动带来新的启发，进而为积极的实践和产生新的经验提供基础。在对经验的领会方面，有些人倾向于通过自身的亲身体验来获取知识，有些人倾向于通过符号表征或抽象概念来感知、获取新知识；在经验转换方面，一些人倾向于仔细地观察或反思，另一些人通过积极地试验来获取新知识。

而不同个体对经验的理解和转换的方式不同，将会带来四种不同的学习风格（Kolb，1984）：具体体验和反思观察相结合会带来发散的学习风格（类似于头脑风暴，以开放的态度聆听并接收各种反馈）；反思观察和抽象概念相结合会带来吸收的学习风格（注重对理论和概念的抽象概括和理解）；抽象概念和积极试验相结合会带来融合的学习风格（注重将理论、概念或观念应用到实践中）；积极试验和具体的体验相结合将带来修正的学习风格（注重实践中用不同的方法或途径完成具体的任务）。每个个体因为自身偏好和特点的差异，通常倾向于某一种学习风格。当个体能够将四种学习方式循环展开的话，其经验学习的效果是最好的（Kolb 等，2001）。

随后，有学者指出，尽管创业学习的过程主要以经验学习的形式存在，但是其过程还值得细细考究（Politis，2005）。因为具体体验后个体可能会产生直觉，并以此类推的方式运用到以后的创业实践中，而没有经过具体的反思或概念的抽象过程（Busenitz 和 Barney，1997）。也就是说，创业学习的过程并不一定完全遵循 Kolb（1984）提出的四阶段学习循环模型，创业者可能会以各种方式将创业经验转化为知识。因此，在 Kolb（1984）的经验学习基础上，Politis（2005）

从知识转换视角对其过程加以完善，认为创业学习过程主要包括三个部分：创业者自身的先前经验、转换过程和创业知识。其中，创业者自身的先前经验转化为创业知识的过程受到两种转换模式的影响，当个体倾向于依赖探索式的转换模式时，则创业者能更有效地获取有关机会识别的新知识；当个体倾向于运用利用式的转换模式时，则创业者能更有效地获取应对新进入者缺陷的新知识。而转换的过程可能受到已有的创业结果（成功或失败）、主导决策逻辑和职业导向的影响。

此外，还有学者进一步扩展了经验学习的来源，并进一步强调认知在经验学习中的作用。例如，Holcomb等（2009）指出，创业学习不仅是一个创业者通过对自身经验和他人经验来进行转化以获取新知识的过程，也是一个在不确定的环境中依据先前知识采用启发式思考吸收新知识的过程。启发式对创业者的创业学习（经验性学习和获得性学习）产生重要影响，不同创业者采取不同的启发式将会带来创业学习效果的差异。而通过创业学习获取的新知识和启发式思考将会共同影响创业者的决策制定，以及日后的创业行为和结果。Cope（2003）认为，创业学习包括创业前学习和创业中学习两个阶段，日常的常规性事件和突发性事件均会诱发创业学习。后者对创业者获取"高水平"的学习效果有关键作用。此外，反思意味着创业者可以将所学知识导入或扩展到新的创业情境中，以促进其生成性（Generative）学习能力的提升。创业者通过生成性学习能力可以把以往的经验与新的创业情境相结合，并把新旧知识在新的情境下加以融合、提炼或建立关联，进而识别新的机会或商业模式。因此，创业学习是一个包含识别、反思、关联和应用的动态过程。

3. 创业学习的结果

从现有文献来看，创业学习对新创企业可能产生以下两种结果：机会的搜寻行为和优势的搜寻行为。

（1）机会的搜寻行为。机会搜寻行为是指通过创业学习识别出潜在的创业机会。

1）有学者指出，不同的学习风格会对创业机会识别的不同阶段产生不同的影响（Corbett，2007）。其中，采用融合式学习风格的个体（Converger）有可能形成有关新机会的创新性想法；采用吸收式学习风格的个体（Assimilator）有可能对创新性想法的应用前景进行思考；采用发散式学习风格的个体（Civerger）有可能对创业机会提出可行的实施方案；采用修正式学习风格的个体（Accommodator）有可能对创新性想法加以实施，并开发出创业机会的原型。

2）也有学者指出，创业学习对创业者的机会识别有显著的促进作用。例如，Politis（2005）提出，创业学习是指创业者将先前经验转化为有关机会识别和克服新进入者缺陷这两类创业知识的过程。Corbett（2007）认为，由于学习的不对称性，不同个体采取了不同的获取或转换经验的方式，带来知识的不对称性，从而导致不同个体对创业机会的识别能力有差异。Lumpkin 和 Lichtenstein（2005）指出，创业过程中经常会出现一些突发事件，因此，需要通过创业学习来获取新知识以扩充创业者的知识基础、改善新创企业现有的状况或扩大新的业务领域等。

（2）优势的搜寻行为。优势的搜寻行为是指通过创业学习来促进企业的生存，提升企业的绩效，并为企业建立持续的竞争优势。例如，Man（2012）指出，创业学习主要包括五种模式：创业者通过实践创业任务来积累创业经验、对先前经验进行反思并更新已有的经验、利用已有经验学习新的知识、在已有学习的基础上强化学习行为、增强学习的情境范围。其创业学习的结果是创业者拥有能够更好地创办并运营新创企业的创业胜任力，从而有助于新创企业建立和维持竞争优势。Kim 和 Miner（2007）指出，从先前失败的经验中进行学习对获取新知识、促进企业生存、降低失败风险有积极作用。Holcomb 等（2009）认为，个体通过创业学习获取到一些难以模仿且能为企业创造价值的新知识对提升企业绩效、维持企业竞争优势有促进作用。

4. 创业学习的影响因素

当前创业学习研究中提到的影响因素主要有企业和个体两个层面，其中，个体层面的研究居多。

（1）企业层面。

企业层面的影响因素主要包括外部因素和内部因素两个方面。

1）外部影响因素方面。新创企业面临的高度不确定的外部环境（Ravasi 和 Turati，2005）、创业网络的不同类型以及社会资本的不同纬度是影响创业学习的主要因素。例如，张文伟和赵文红（2017）指出，新创企业的行业内联系和行业外联系对创业学习有显著促进作用；陈文沛（2016）提出，创业者的关系网络通过经验学习、认知学习和实践学习的中介作用影响创业机会的识别；单标安（2013）认为，新创企业的创业网络，包括个人关系、商业关系和政治关系对创业者获取创业知识，促进创业学习有显著影响；Atuahene–Gima 和 Murray（2007）提出，社会资本的不同纬度（结构维度、关系维度和认知维度）对探索式学习和利用式学习产生不同的影响。

2）内部影响因素方面。主要有以下五个方面：创业导向、工作环境、内部资源的稀缺性、创业团队的构成、学习导向均对创业学习的效果产生影响。例如，Kreiser（2011）和 Zhao 等（2011）指出，创业导向对不同创业学习方式（实验性学习和获得性学习）的影响，以及对学习文化和学习导向的影响。Brettel 和 Rottenberger（2013）认为，创业导向对新创企业各个层面（个体、团队和组织层面）的学习均产生显著的积极影响；Lans 等（2008）提出，新创企业所处的工作环境，包括支持和引导创业学习的文化、与外部利益相关者的互动、内部沟通氛围和任务的特点均会影响创业学习的效果；Ravasi 和 Turati（2005）认为，新创企业由于面临"新进入者缺陷"，所拥有的资源是非常稀缺的，而资源的稀缺性可能会使创业者面临的环境变得更加不确定和模糊。因此，资源的稀缺性会对创业学习的效果产生重要影响。Sardana 和 Scott–Kemmis（2010）指出，创业团队成员间拥有的知识互补性程度越高，对创业学习内容多样化和学习效果的提升越有促进作用。李雪灵等（2013）认为，一方面，新创企业的学习导向可以作为自变量，直接对获得性学习产生积极影响；另一方面，还可以作为调节变量，促进获得性学习作用的发挥。

（2）个体层面。

个体层面的影响因素主要包括以下两个视角：人力资本视角和认知视角。

1）人力资本视角的大部分学者都主要强调先前经验的作用。例如，Politis（2005）指出，不同类型的先前经验是创业学习的起点，为创业者获取不同类型的创业知识奠定基础。先前的创业经验有助于创业者识别机会和处理新进入者缺陷，先前管理经验为创业者提供了有关金融、销售等基础的企业管理知识，先前行业经验有助于创业者不断积累有关市场和顾客的新知识，从而有助于新机会的识别；Minniti 和 Bygrave（2001）认为，先前经验可能会带来路径依赖性，塑造了创业者特定的吸收能力以及识别和筛选机会的能力等；Shane（2000）指出，创业者先前知识的不对称性解释了创业者学习和识别机会的能力差异；Hatch 和 Dyer（2004）指出，人力资本的外部筛选和内部开发的有效配置，能提升企业干中学（learning by doing）的水平。

2）认知视角的学者认为，虽然先前经验是创业学习的重要影响因素，但这些因素从某种意义上来讲具有静态的特征。而创业者通过一定的认知模式将不同经验转化为知识才是创业学习的关键（Busenitz 和 Barney，1997；Holcomb 等，2009）。因此，认知因素不仅对创业学习的效果产生至关重要的影响，也应是未来创业学习研究的重点（Wang 和 Chugh，2014）。在现有文献中仅有少数学者考察了以下认知因素对创业学习和机会识别产生重要影响：启发式思考（Holcomb 等，2009）、意义建构（sense making）、创业者对先前经验的重新审视和反思（Carswell 和 Rae，2006）。

5. 创业学习的方式

如何开展创业学习，通过何种学习方式获取和转化新知识以适应动荡变化的外部环境、识别新的创业机会，是创业者亟待解决的现实问题。

很多创业学者将组织学习理论直接应用到创业领域内。例如，McGrath（2001）和 Atuahene - Gima 和 Murray（2007）借鉴 March（1991）的观点，认为创业学习包括探索式学习和利用式学习；Ravasi 和 Turati（2005）借鉴 Slater 和 Narver（1995）的观点，认为创业学习包括生成性学习和适应性学习；Kreiser（2011）和 Zhao 等（2011）借鉴 Zahra 等（1999）的观点，认为创业学习包括获得性学习和试验性学习。

而从本质上来讲，创业是一个非线性的、间断性的过程，因此，组织学习理论被直接应用到创业过程中是不恰当的（Deakins 和 Freel，1998）。又因新创企业缺乏历史的绩效记录，组织结构非常不完善，其内部的学习文化和体系尚未建立。因此，应在组织学习理论的基础上，开发出创业情境下特定的创业学习方式（Harrison 和 Leitch，2005；Sardana 和 Scott - Kemmis，2010；Wang 和 Chugh，2014）。

鉴于新创企业存在"新进入者缺陷",创业者主要通过先前积累的经验来进行机会识别和知识获取。因此,很多学者认为,新创企业的创业学习主要以经验学习的形式存在(Minniti 和 Bygrave,2001;Cope,2005;Politis,2005)。在此基础上,有学者整合了先前的研究成果,进一步根据经验来源的不同,将经验学习具体划分为经验性学习和获得性学习(Holcomb 等,2009)。其中,经验性学习是指创业者主要依靠自身的经验来积累和获取新知识;获得性学习是指创业者主要依靠他人的经验来获取和积累新知识。此外,还有学者根据学习途径的不同,将创业学习进一步细分为经验性学习(依靠自身经验获取新知识)、认知学习(也称,获得性学习,依靠他人经验获取新知识)和实践学习(依靠实践获取新知识)(蔡莉等,2012)。表 2-9 显示了现有的有关创业学习方式的分类。

表 2-9 创业学习方式的分类

作者	分类方式	研究视角	主要观点
McGrath(2001)、Atuahene – Gima 和 Murray(2007)	探索式学习 利用式学习	知识总量 是否变化	前者强调学习的结果是创造了新的知识; 后者强调学习的结果是增强了企业已有的知识
Ravasi 和 Turati(2005)	生成性学习 适应性学习	知识总量 变化的程度	前者强调学习的结果为企业已有的知识基础带来突变性的变化; 后者强调学习的结果为企业已有的只是基础带来渐进性的变化
Kreiser(2011)、Zhao 等(2011)	获得性学习 实验性学习	知识总量 变化的来源	前者强调企业对其边界之外的知识获取、吸收和利用;后者强调企业对内部新知识的开发和创造
Politis(2005)	经验学习	创业情境下 知识的转换	创业学习以经验学习为主,主要强调将先前经验转化为创业知识
Holcomb 等(2009)	经验性学习 获得性学习	经验来源或 知识获取途径	前者强调对自身经验的转换; 后者强调对其他人经验的转换
蔡莉等(2012)、单标安等(2014)	经验性学习 获得性学习 实践学习	学习的途径	经验学习强调对自身经验的转换; 认知学习强调对他人行为或经验的模仿和重构; 实践学习强调在实践中将先前经验加以利用

资料来源:作者整理。

根据对上述学习方式的分类与整理，我们发现 Holcomb 等（2009）所提出的经验性学习和获得性学习与创业情境下重点强调对经验进行转换的创业学习内涵最为贴切。前者主要强调创业者从以往的自身经验中直接获取一手知识，并不断试错、摸索和创造新知识；后者主要强调创业者从自身以外的其他个体或对象处间接地获取二手知识以突破自身的认知惯性，它也称为认知学习、模仿学习或观察学习。这两种创业学习方式可以为新创企业带来不同的知识基础（Berends 等，2016）。此外，考虑到经验性学习重点强调在实践中对已有经验的不断试错，已经大部分涵盖了实践学习的内涵。

因此，考虑到模型的简洁和新创企业的特点，本书沿用 Holcomb 等（2009）的观点，将经验性学习和获得性学习视为是在创业情境下创业学习的两种主要方式。值得说明的是，这两种学习方式间既不是互相独立的正交关系（例如，自身高水平的经验性学习可能会促进获得性学习），也不是互相排斥的关系（例如，创业者可能会同时运用这两种学习方式）。目前，这两种创业学习方式已得到了很多学者的认可和应用（Levitt 和 March，1988；Baum 等，2000；Holcomb 等，2009；Lévesque 等，2009；Tuschke 和 Hernandez，2014；Berends 等，2016）。

（1）经验性学习。经验性学习（Experiential Learning）是指创业者从自身先前经验或知识中不断学习，不断在记忆中存储、积累新知识的过程（Kolb，1984；Politis，2005）。主要包含两个要素：先前的经验与个体获取、吸收与管理新知识的过程。其核心在于，需要从记忆中搜寻一些典型代表的经验，并将其中一部分经验转化为新知识，该过程需要持续地创造新知识以及构建知识结构间的联系（Kaish 和 Gilad，1991）。

经验性学习具有路径依赖性或目标导向性，是对先前经验或行为做出的反应。因此，经验性学习影响着创业者对某一特定领域的注意力，使其在某一特定领域能够有效地获取和评估线索，更好地识别出相似领域的机会（Lumpkin 和 Lichtenstein，2005）。Baum 等（2001）指出，先前经验代表一种专家力量（专长权），促进了愿景的形成和战略的实施。先前经验为创业者提供了一个平台，有经验的创业者就可以预测和充分利用市场机会（Kaish 和 Gilad，1991）。然而，只依赖先前经验限制了创业者搜寻机会的范围和路径（Baum 等，2000），尤其是在环境不确定性程度很高时（Lant 等，1992）。另外，通过先前经验获取的知识在新的环境中可能会失去作用,难以应用到新的情境中(Lapré 和 Wassenhove,2001;Hatch 和 Dyer,2004)。因此,最优的经验学习方式应该是:不断吸收新知识以丰富其经验的数量、范围和种类(Schilling 等,2003)。

(2)获得性学习。获得性学习(Acquisitive Learning)也称为观察性学习,或替代学习,或认知学习。创业者不仅需要通过自身已有的经验和知识开展学习,而且还要观察其他人的行为,吸收其他人的经验(Bandura,1977;Kim 和 Miner,2007)。个体通过模仿和观察其他人的行为可以学习到很多知识(Nadler 等,2003)。当个体注意其他人的行为、把其他人的相关信息保存、吸收和存储于记忆中,获得性学习就产生了。对其他人的行为范式进行观察、吸收和管理,并思考其他人的行为在不同情境下如何发挥作用是获得性学习的关键(Denrell,2003)。观察和思考的过程使创业者对观测到的行为进行编码以产生代表性的记忆,并将新旧知识加以融会贯通并存储于记忆中(Wood 和 Bandura,1989;Nadler 等,2003)。有效地获得性学习教会人们一些一般的原则和策略以应对新的环境(Wood 和 Bandura,1989)。创业者可利用这些原则,在新的环境中对自身行为加以调整。另外,观察别人的行为也为自身提供新的行为准则(Kim 和 Miner,2007)。

(3)两类学习方式的比较。一方面,两种学习方式在研究逻辑上具有一定的互补性,在研究内容上提供了较为全面的创业学习特征;另一方面,两者在学习对象、学习方式、学习范围、内容特征、学习任务、学习本质、影响因素、学习方法等方面存在显著差异。

由于经验性学习路径依赖性和惯性,主要着眼于局部搜寻并应用自身经验中的知识。正是由于先前经验在惯例化的行为中被编码为知识,成功的知识才得以保留,失败的知识被摒弃。因此,在经验性学习过程中,先有行为,后产生认知(Berends 等,2016),并且通过经验性学习获取到的知识通常同质性较高。另外,经验性学习的本质是,要不断在试验和试错中建立新的手段—目标关系,以创造出新知识。然而,由于经验性学习专注于局部搜寻和应用以往的经验和惯例,从而限制了创业者搜寻和识别新路径的空间和范围,致使创业者难以识别到与以往经验差异较大的新机会。

而获得性学习强调创业者要从自身以外其他个人或对象那里获取新的知识或

惯例（Baum 等，2000）。由于创业者观察和思考其他人或对象的行为方式，能跳出自身的路径依赖性，跳跃式地搜寻和探索到与自身差异较大的新知识，并可以通过类比推理或模仿产生新的创新行为（Martins 等，2015）。因此，在获得性学习过程中，先有认知，后产生行为（Berends 等，2016）。另外，获得性学习的本质是在自身认知图式的基础上，通过对新知识的吸收和整合，来重塑新的认知模式，产生新的知识或构建新的行为方式。因此，创业者的社会关系网络、对他人行为的观察和启发式思考等心理或认知因素等是获得性学习的主要影响因素。两种学习方式具体的区别和比较如表 2-10 所示。

表 2-10　经验性学习与获得性学习对比

对比特点	经验性学习	获得性学习
学习对象	创业者自身	创业者自身以外的其他人或对象
学习方式	先有行为（动），后产生认知	先有认知，后产生行为（动）
学习范围	局部搜寻	跳跃式搜寻
内容特征	同质性高	异质性高
学习任务	在实践中，不断将自身的经验组织或同化为新知识	从他人那里吸收新知识，并将新旧知识加以融合，重构新知识
学习本质	在试错中建立新的手段—目标关系，构建新知识和新的行为方式	在重塑新的认知模式的基础上，构建新知识和新的行为方式
影响因素	先前的创业、行业和管理经验；失败或成功的经验	社会关系网络、对他人行为的观察和启发式思考等心理或认知因素等
学习方法	对现有惯例的应用和加强	对新的惯例的探索和模仿

资料来源：作者整理。

三、结论与未来展望

1. 主要结论

通过对以上文献的分析可知，虽然创业学习的内涵没有一致的界定，但现有研究在以下两个方面达成了共识。首先，在创业情景下，创业学习主要以经验学习为主（Politis，2005；Man，2012；Wang 和 Chugh，2014）。并且，根据经验获取的途径不同,创业学习可被分为经验性学习和获得性学习,这两种学习方式是目前创业学习研究中被广泛关注的学习方式(Holcomb 等,2009;朱秀梅等,2013;单标安等,2014)。

其次,创业学习过程具有以下三个特点:第一,创业者自身不同类型的经验(例如,创业经验、行业经验、管理经验等)或不同属性的经验(成功经验或失败经验)是创业学习过程的起点或基础。第二,创业学习应注重对外部新经验或知识进行获取,并结合自身经验对新旧知识进行转化以再次产生新的知识。而对知识的获取和转化是创业学习的关键和核心。第三,创业学习是一个动态的、探索性的循环过程,其带来的结果是创业者自身知识结构的累积、更新和扩展。

2. 未来展望

通过对文献的梳理和回顾,针对现有研究的不足,本部分按照"影响因素(输入)—具体的学习方式(过程)—学习结果(输出)"这一思路构建了创业学习的未来研究框架(见图 2-4)。由图可知,未来的创业学习研究应整合不同的理论,重点关注创业者、创业企业、创业环境之间的作用关系,并重点探索经验性学习和获得性学习对新创企业创业机会实施(例如,新颖型商业模式设计)的影响,以及探讨具体的创业情境对创业学习作用发挥所产生的影响。

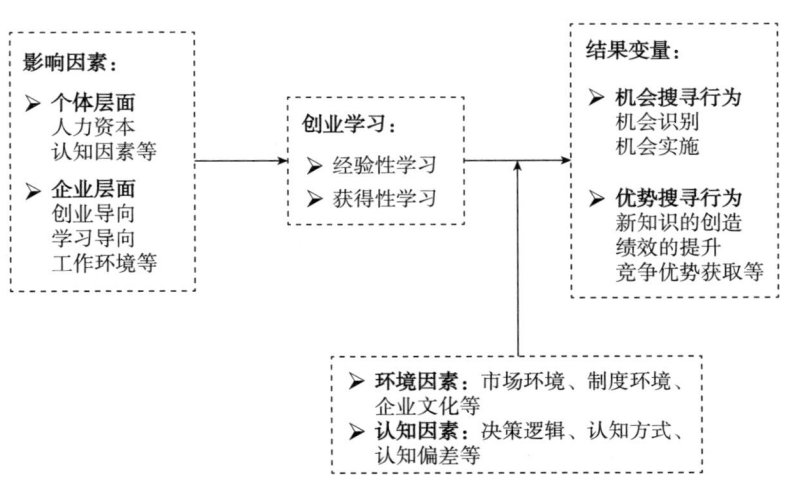

图 2-4 创业学习未来研究框架

资料来源:作者整理。

具体来讲，未来创业学习的研究应从以下两个方面多加关注。

第一，强化经验性学习和获得性学习的实证研究，尤其是两种学习方式的情境化研究。目前虽然这两种学习方式是创业学习研究的重点，但是现有研究往往仅侧重于两者的内涵界定、过程描述及对比（Baum 等，2000；Holcomb 等，2009；Wang 和 Chugh，2014），很少结合具体的创业情境，采用实证研究方法来探讨两者作用发挥的具体过程。因此，未来研究应深入探讨这两类创业学习能够为创业者获取哪些不同类型的知识或取得哪些创业结果，尤其应深入研究不同的创业情境（例如，市场环境、制度环境或企业文化等）对不同类型创业学习效果或过程的影响。

第二，注重创业学习的具体结果研究。由于创业学习是一个持续性的动态过程，其始终贯穿于新创企业的整个生命周期当中。因此，除了研究创业学习对机会的识别的影响以外，还要探索创业学习对机会实施或实现的影响（Cope，2005；Lumpkin 和 Lichtenstein，2005）。而新颖型商业模式设计可被视为实施或实现创业机会的关键途径之一，因此，探索创业学习对新颖型商业模式设计的影响是创业研究的新趋势（Andries 等，2013；Berends 等，2016）。

第四节　环境不确定性研究总结

环境不确定作为一种情境因素，一直以来受到管理学者的热切关注（Mintzberg，1980；Miller，1988；Liu 等，2012），被视为是组织理论中的核心概念，在解释企业与外部环境间的关系时被广泛应用（Milliken，1987）。本部分梳理了环境不确定的内涵、构成和测量的相关文献。

一、环境不确定性的提出和来源

在现实生活中，由于信息不对称和有限理性，人们无法获取决策所需要的全部信息，也无法掌握各种事物的本质特征，这就导致人们在决策制定缺乏相应的知识与经验，无法准确预估事件可能带来的结果，企业在开展经济活动过程中所面临的外部环境最基本的特征就是不确定性（Uncertainty）。环境不确定对企业的日常生产经营、战略选择和决策制定带来了显著的影响，其中，机遇和挑战并存。

Knight（1921）最早提出了环境不确定的内涵和特点。他认为，企业在经营过程中通常面临三种现实的外部环境：风险性（Risk）、模糊性（Fuzziness）和奈特不确定性（Uncertainty）。

其中，风险性指未来相对可预测，可通过计算来确定不同结果的概率分布；模糊性是指未来相对不可预测，虽然决策者可以知道决策的可能结果，但无法确定决策结果发生的概率；奈特不确定性是指决策者对未来一无所知，需要在未知的情境下做出决策。在第一种情境下（风险性）下，决策者可以通过系统性地收集数据、市场调研、制定清晰的目标和计划等途径来制定决策；在第二种情境（模糊性）下，决策者可采用类似贝叶斯估计等统计方法计算各种决策方案的潜在收益和成本；但在第三种情境（奈特不确定性）下，上述两种方法均会失去作用，因为决策者缺乏对不确定性未来的基本认识，无法洞悉未来将会发生什么，也没有办法对其进行评估和预测。

表2-11对决策者面临的三种外部环境和应对方法进行了比较。

表2-11 决策者面临的三种外部环境与应对方法

情境	风险性	模糊性	不确定性
特征	未来的概率分布存在且已知	虽然未来的概率分布存在，但是结果却是未知的	未来的概率分布既不存在，也不可知
例子	盒子里有5只红球和5只绿球，抓到一只绿球可得到50美元奖励	盒子里有10只红球和绿球，但两种颜色球的具体数目未知，抓到一只绿球可得到50美元奖励	盒子里可能有球，也可能没球，抓到一只绿球可得到50美元奖励

资料来源：根据Knight（1921）整理。

随着不确定性现象在实践生活中的频繁出现，为了应对不确定性，一些学者开始关注不确定性产生的来源。从现有研究来看，造成环境不确定的原因可能表现在国际化的竞争环境、行业竞争、生产成本、人力资源、政府、社会变迁六个方面。表2-12详细列举了不同方面的具体表现。

表2-12 环境不确定性的来源

来源	具体表现
国际化的竞争环境	房地产价格波动、外汇汇率变化、经济增长或衰退、投资环境的变化
行业竞争	新竞争者加入、竞争的加剧、替代品的出现、消费模式的变化、顾客期望的变化
生产成本	原材料价格和可获得性的波动、通货膨胀、技术变化、生产力变化、制造业外迁
人力资源	雇员的流动、高管团队的变更、员工技能的提升、教育质量的提升、技能的退化或过时
政府	政治环境的变化、基础设施的变化、贸易管制、政府政策变化
社会变迁	人口统计学特征的变化、社会动荡、财富分配不均匀、自然环境变化、社会期望的差异

资料来源：根据Priem等（2002）整理。

二、环境不确定性的内涵和维度

本部分主要总结并梳理了环境不确定性的内涵、构成维度和测量。其中，内涵主要从权变视角和感知视角来概括；维度主要包括三个方面：需求不确定性、技术动荡性和竞争强度；而测量主要有三种方法：主观测量、客观测量以及主观和客观相结合的测量方法。

1. 环境不确定性的内涵

从现有研究来看，对环境不确定性的内涵研究主要存在两种视角：权变视角（Contingency Views）和感知视角（Perceptual Views）（Gerloff等，1991）。

（1）权变视角。权变视角主要关注企业对外部环境的理解、解读或认识，并试图使企业的行为符合环境发展的要求。

例如，Thompson（1967）认为，组织面临的根本问题就是不确定性，而管理过程的本质就是应对不确定性。Lawrence和Lorsch（1967）提出，企业面临的环境不确定性水平与企业分化和整合的需求有关。Tushman和Nadler（1978）指出，环境不确定性决定了企业需要不断进行信息处理以达到高水平的绩效，企业的良好绩效是企业信息处理需求和企业信息处理能力间的匹配。

（2）感知视角。感知视角主要描述了决策者对环境的留心观察、解释或感知，认为环境不确定性可被视为是一个被感知到的现象。

例如，Duncan（1972）最早从感知视角解读环境不确定性，指出感知在决定管理者如何应对环境不确定方面发挥了关键作用。Duncan（1972）认为，环境不确定主要是指决策者在决策过程中无法掌握全部信息从而给决策制定带来困难。企业面临的内部环境由个体、部门和企业三个层面上的因素构成，外部环境由顾客、供应商、竞争者、社会政治和技术五个层面上的因素所构成。导致环境不确定产生的影响因素主要有三个方面：决策结果无法预测、决策时无法掌握全部信息、环境对决策产生何种影响也无法预测。因此，感知到的环境的动态性和复杂性是环境不确定性的典型代表。Dess 和 Beard（1984）运用因子分析提出，感知的环境不确定有三个显著的特征：动态性、包容性和复杂性。具体表现为市场环境中顾客需求、技术和竞争的不连续快速变化。Milliken（1987）从个体感知的角度出发，提出环境不确定可分为三种类型：状态不确定（State Uncertainty）、效果不确定（Effect Uncertainty）和反应不确定（Response Uncertainty）。其中，状态不确定是指企业所面临的外部客观环境自身的不可预测性，效果不确定是指不可预测的环境变化对企业产生何种影响的不确定性，反应不确定指管理者面对不可预测的环境该采取何种应对措施的不确定。

2. 环境不确定性的维度

上述研究主要从环境不确定性表现出来的主要特点对其内涵加以界定，对推动环境不确定的研究奠定了基础，但是以往研究对其构成和特点的理解存在一定程度上的混淆，不同构成间难以清晰地加以区分。另外，环境不确定性应该包含环境多方面的内容和特征，在描述其内涵时，应该将引起环境不确定的主要因素纳入到统一的研究框架中，探索环境不确定性的具体构成，以更好地指导企业加以应对。

对企业来说，其生产经营过程中面临的不确定性主要来源于三个方面：行业环境内顾客需求难以把握、竞争强度逐渐加剧以及技术的不断进步。因此，从环境不确定的具体来源或表现形式来看，环境不确定性包括三个维度：需求不确定性、竞争强度和技术动荡性（Kohli 和 Jaworski，1990；Jaworski 和 Kohli，1993）。

（1）需求不确定性。需求不确定性是指顾客需求、期望或偏好的异质性或不稳定性程度。当顾客需求稳定时，企业不需要过分关注顾客需求的变化，管理者可以预测顾客需求的波动；当顾客需求处于中等程度不确定时，企业将不得不持续地改善它们的产品和服务以满足、迎合或理解顾客不断变化的需求；当顾客需求高度不确定时，对顾客需求的监测或关注可能也不能保证企业识别或预测出顾客的真正需求，因为此时可能连顾客自己也不清楚他自身的潜在需求到底是什么（Workman，1993）。因此，来自于顾客的反馈也无法真正帮助企业重新配置资源、提供新的产品或服务以应对快速变化的顾客偏好。另外，由于顾客通常关注自身的现实需求，不能对市场趋势加以预测，因此，过分关注顾客需求、以顾客为中心的企业可能会忽略新涌现的机会，把资源配置在错误的方向上从而难以真正把握顾客的潜在偏好（Christensen 和 Bower，2015）。有学者在指出，在中国快速变化的市场环境中，需求不确定性在整体上处于非常高的水平（Zhou 等，2005）。

（2）竞争强度。竞争强度是指行业内不同企业争夺客户、展开竞争的激烈程度（Porter，1985）。当企业所处环境的竞争强度水平较低时，顾客对企业的产品或服务有较高程度的黏性，顾客的忠诚度较高。此时，企业的经营受到外部威胁的可能性较低，业绩表现良好。相比之下，在竞争强度非常高的环境中，市场上为顾客提供相似产品或服务的企业数量多，顾客有很多替代性的选择来满足自身的需求或欲望。此时，企业必须密切地关注或响应顾客的需求以确保顾客选择本企业提供的产品或服务（Porter，1985）。当行业内的市场竞争异常激烈时，企业更需要密切关注它们的竞争对手，以了解自身与竞争者相比在市场上的相对地位（Han 等，1998）。当竞争越来越激烈时，企业确立一个可防御的、难以复制的竞争地位变得至关重要（Jaworski 和 Kohli，1993）。

（3）技术动荡性。技术动荡性是指特定行业内技术变化的速度较快且难以预测（Kohli 和 Jaworski，1990）。技术环境的快速变化创造了新的产品开发机会，企业可以利用新的技术开发新的产品以扩大其顾客基础，也为企业改变或升级自身产品以维持竞争优势带来了挑战。企业必须通过及时开发新的产品或服务以克服这些挑战并快速地利用新的机会，否则，将可能会很快被市场所淘汰。因此，技术的快速变化迫使企业必须及时获取最新技术并开发新的产品或服务以维持自身的竞争优势。

目前，感知视角下环境不确定性的内涵得到了越来越多学者们的认可，被视为是组织理论的核心概念，已被广泛应用于与企业相关的各种领域中，包括组织行为（Gerloff 等，1991；Li 等，2007）、战略管理（Sawyerr 等，2003；Hough 和 White，2004）、信息系统（Karimi 等，2004）、市场营销（Achrol 和 Stern，1988；Bstieler 和 Gross，2003）和会计（Lal 和 Hassel，1998）等。并且由需求不确定性、竞争强度和技术动荡性构成的环境不确定性更是得到了大部分学者的认可和应用（Lu 和 Yang，2004；Zhou 等，2005；DeSarbo 等，2010；Wu，2010；Sheng 等，2011；Liu 等，2012；Bao 等，2012；Li 和 Liu，2014）。由于市场不确定性与顾客需求和竞争者之间的竞争有关，主要由需求不确定性和竞争强度构成（Houston，1986；Voss 和 Voss，2000；Beckman 等，2004；Zhou 和 Li，2010），因此，环境不确定性也可被理解为由市场不确定性和技术动荡性所构成（Bstieler 和 Gross，2003；Lu 和 Yang，2004；Bstieler，2005）。

三、环境不确定性的测量

目前对环境不确定性有三种测度方法：客观测量、主观测量以及主观和客观相结合的测量（Ashill 和 Jobber，2010）。

1. 客观测量

客观的测量方法主要运用统计分析数据来推断环境不确定性。例如，Anderson 和 Schmittlein（1984）采用年度预期销售量与实际销售量的差异来测度环境不确定性。Simerly 和 Li（2000）采用行业出货量的标准误差除以行业出货量的平均值来代表环境不确定性。

2. 主观测量

当研究聚焦于管理者在决策制定时，对环境不确定性进行主观感知测度比客观测度更重要也更有意义（Duncan，1972；Bourgeois，1980；Swamidass 和 Newell，1987）。原因在于，管理者的决策制定主要基于他们如何看待外部环境而非客观现实。因此,很多研究试图从主观感知的角度来测度环境不确定性。例如,Li 和 Atuahene – Gima(2002)采用一个综合性指标,从管理者感知到的行业中产品价格、生产、技术和竞争这四个方面的波动程度来测度环境不确定性。Jaworski 和 Kohli(1993)从需求不确定性、竞争强度和技术动荡性三个方面来测度感知到的环境不确定性。

3. 主观和客观相结合的测量

也有学者采用主观测度和客观测度相结合的方法来测度环境不确定性。例如,Karimi 等(2004)采用主观题项来测度环境动态性、异质性和敌对性,采用档案数据测度任务环境。表2-13显示了目前对环境不确定性的三种测度方法。

环境不确定性不仅是成熟企业所面临的外部环境的主要特征(Milliken,1987),而且同样也适用于新创企业。Stevenson 和 Gumpert(1985)提出,与成熟企业相比,新创企业的创建与发展面临着更高程度的环境不确定性和风险。因此,对环境不确定性加以深入分析与管理对新创企业而言更为重要(Lumpkin 和 Dess,2001)。

由于本书主要聚焦于探索新创企业在实现新颖型商业模式设计的过程中,外部市场不确定性对其过程可能产生影响。而创业者对外部市场环境的主观感知在很大程度上影响创业者决策的制定(Stevenson 和 Gumpert,1985)。因此,本书采用主观测度的方法来测量市场不确定性。又由于市场不确定性重点强调市场环境变化的不稳定性、动荡性和不可预测性程度。其随机效果主要是由顾客需求与偏好波动所引起的需求不确定性和市场竞争越来越激烈所诱发的竞争强度增加所构成,这两者成为市场不确定性的典型代表(Voss 和 Voss,2000)。因此,本书将重点探索需求不确定性和竞争强度对新颖型商业模式设计过程的影响。

在测量方面,本书主要沿用 Jaworski 和 Kohli(1993)开发的量表,需求不确定性包括3个题项,主要评估顾客偏好异质性和不稳定性的程度。具体指标包括:①客户的需求和偏好变化很快;②顾客对产品忠诚度变化很快;③行业内现有产品的更新换代的速度越来越快。竞争强度包括四个题项,主要衡量行业中竞争水平、竞争性模仿和价格战的程度。具体指标如下:①行业内经营有强大的竞争者进入;②新创企业面临的市场竞争状况难以预测;③在新创企业所处的行业中，竞争对手之间的竞争越来越激烈；④新创企业的任何举动都会使行业内的竞争者快速反应。

表2-13 环境不确定性的测度方法

类型	代表性的研究	主要特点
客观测度		
1. 综合指标	Anderson 和 Schmittlein（1984） Lee 和 Park（2008）	
2. 环境特点	环境动态性：Simerly 和 Li（2000） 行业竞争性：Dean 和 Snell（1996） 环境不确定性：Camuffo 等（2007）	使用统计分析指标来推断环境不确定性
3. 状态、效果和应对不确定性	Miller 和 Shamsie（1999）	
主观测度		
1. 综合指标	Buvik 和 Grønhaug（2000） Waldman 等（2001） Li 和 Atuahene-Gima（2002）	
2. 环境特点	环境复杂性：Newkirk 和 Lederer（2006） 环境可变性：Tung（1979） 环境敌对性：Covin 和 Slevin（1989） 技术不确定性：Fink 等（2008） 竞争不确定性：DeSarbo 等（2010） 需求不确定性：Robertson 和 Gatignon（1998） 市场不确定性：Bstieler 和 Gross（2003） 环境不确定性：Jaworski 和 Kohli（1993）	管理者主观感知到的环境难以预测的程度
3. 状态、效果和应对不确定	Doty 等（2006） Gerloff 等（1991） Milliken（1990）	
客观和主观相结合的测度	Pagell 和 Krause（2004） Song 等（2005）	主客观测度相结合

资料来源：作者整理。

第三章 理论模型和假设提出

第一节 概念界定

本书共涉及以下几个关键的研究变量：新颖型商业模式设计、决策逻辑、创业学习和市场不确定性。虽然上一章的理论研究综述部分已经全面、系统地介绍了这几个变量的内涵，但为了更清晰地提出本书的概念模型，以及更清晰地论述本书提出的假设，下面将对这几个变量进行更为明确的概念界定。

一、新颖型商业模式设计

新颖型商业模式设计（Novelty-Centered Business Model Design）描述了以价值创造为导向的中心企业和其利益相关者共同组成的相互依赖的活动系统，由内容、结构和治理三大要素所组成（Amit 和 Zott，2001）。内容是指商业模式的运营应该包括哪些价值活动，或是为了创造价值所需要投入的资源和能力；结构是指如何将不同活动内容或利益相关者连接起来；治理是指如何管理这些交易活动以满足顾客的需求并创造价值。随着互联网等新一代信息技术的进步，资源可以在全球范围内得以迅速流通，由此带来的互联环境让众多企业有机会通过商业模式创新来获取新的竞争优势。商业模式创新是指在系统层面上对企业整体的价值创造系统进行重新配置。对于新创企业来说，其商业模式创新是通过新颖型商业模式设计来实现的（Schneckenberg等，2017），它是新创企业避免同质化竞争模式、实现生存和快速成长的关键。例如，微信、支付宝、美团等一大批新创企业均是通过新颖型商业模式设计获得了竞争优势。

新颖型商业模式设计主要反映了企业所设计的商业模式与市场现有的商业模式相比，在交易内容、结构或治理方面的新颖性程度。其本质是要满足顾客全新的价值主张、需求或体验，它是通过对商业模式的构成要素（内容、结构和治理）进行创新而实现的（Zott和Amit，2010）。内容维度的创新主要是指提出了新的价值主张，或投入了新的资源，或引入了新的价值活动；结构维度的创新主要是指引入了新的合作伙伴或交易方式；治理维度的创新主要是指以新的方式来激励合作伙伴，或采用了新的管理流程或规范。新颖型商业模式设计可能跨越了企业或行业的边界，主要强调活动要素之间的相互匹配以重构价值创造体系（Zott和Amit，2010）。

简单地讲，新颖型商业模式设计是指，企业所设计出来的商业模式能带给用户前所未见的价值主张或体验，从而使人们有更强的支付意愿。例如，阿里巴巴的出现为中小企业创造了全新的创业体验，"滴滴"打车的出现带给顾客从未有过的乘车体验，"奇虎360"的出现带给广大网民全新的安全上网体验，"京东"带给用户多、快、好、省的购物体验等。

二、决策逻辑

决策逻辑（Decision-making Logics）是在资源约束和不确定的环境中，引导创业者开展创业活动或制定创业决策时所遵循的认知范式。依据效果理论，决策逻辑包括因果逻辑（Causation）和效果逻辑（Effectuation）。其中，因果逻辑认为，结果或目标是既定的，未来是可以预测的，决策者应在对环境展开理性分析的基础上，以收益最大化为原则对企业战略进行规划，组织并实施控制过程，以确保既定目标的实现；而效果逻辑认为，手段（"我是谁""我知道什么""我认识谁"）是既定的，未来是不可预测的，强调要以可承受的最小损失为原则以最大程度地降低风险，灵活运用手头已有的资源，并从顾客或其他利益相关者那里获得预先承诺，通过不断的试验或试错来逐步实现可能的结果或目标（Sarasvathy，2001）。表3-1比较了两者间的主要区别。

表 3-1 因果逻辑和效果逻辑的主要区别

比较类别	因果逻辑	效果逻辑
既定的前提条件	目标既定	手段（或资源）既定
对未来的态度	聚焦于对不确定的未来进行预测	聚焦于对难以预测的未来加以控制
对利益相关者的态度	强调竞争	强调前期承诺与战略联盟
决策原则或标准	预期收益最大化	可承受的损失
擅长的能力	对已有知识的运用	权变地利用手段识别机会并适应环境
对待风险的态度	尽可能规避	提前防范
应对不确定的首要策略	思考（Think First）	行动（Act First）
决策的结果	通过竞争性战略在现有市场获得市场份额	通过联盟或其他合作战略创造了新市场

资料来源：作者整理。

三、创业学习

创业学习（Entrepreneurial Learning）是组织学习理论在创业研究领域的应用，主要是从学习的视角来解释和描述创业者的成长和新创企业的发展。本书基于创业者对创业知识获取途径的不同，重点关注两种创业学习方式：强调在创业者自身直接经验的基础上不断试错的经验性学习（Experiential Learning），以及强调对创业者自身以外的间接知识加以观察、模仿和借鉴的获得性学习（Acquisitive Learning）（也称认知学习、观察学习或替代性学习）（Baum 等，2000；Holcomb 等，2009）。

其中，经验性学习主要着眼于局部搜寻并应用自身经验中的一手知识，强调对自身已有经验的应用或加强，学习的任务是在实践中通过不断试错构建新的手段—目标关系，并将自身经验同化为新知识。通过经验性学习获取到的知识通常同质性较高，以隐性知识为主（Holcomb 等，2009）。而获得性学习强调创业者要从自身以外的其他个体或对象处获取新的知识或惯例（Baum 等，2000），强调对他人知识的吸收、借鉴和模仿，学习的任务是在重塑认知模式的基础上，构建新知识。通过获得性学习获取到的知识通常异质性较高，以显性知识为主。表3-2比较了两者间的差异。

表 3-2 经验性学习与获得性学习对比

对比特点	经验性学习	获得性学习
学习对象	创业者自身	创业者自身以外的其他人或对象
学习范围	局部搜寻内部知识	跳跃式搜寻外部知识
学习本质	在自身不断试错中构建新知识	在重塑认知模式的基础上，构建新知识
学习方式	先有行为（动），后产生认知	先有认知，后产生行为（动）
内容特征	和现有知识相比，同质性较高	和现有知识相比，异质性较高
学习方法	对现有惯例的应用和加强	对新的惯例的探索和模仿
所获取的知识特征	更多的是隐性知识	更多的是显性知识

资料来源：作者整理。

四、市场不确定性

市场不确定性（Market Uncertainty）主要是指市场环境变化的不稳定性（Kohli 和 Jaworski，1990）。其随机效果主要是由顾客需求难以把握所带来的需求不确定性和市场竞争越来越激烈所诱发的竞争强度加剧所构成，这两者是市场不确定性的典型代表（Voss 和 Voss，2000）。

其中，需求不确定性（Demand Uncertainty）是指顾客需求、期望或偏好的异质性或不稳定性。当顾客需求稳定时，企业不需要过分关注顾客需求的变化，决策者可以预测顾客需求的波动；当顾客需求处于中等程度不确定时，企业将不得不持续地改善其产品和服务以满足、迎合或理解顾客不断变化的需求；当顾客需求高度不确定时，对顾客需求的监测或关注可能也不能保证企业识别或预测出顾客的真正需求，因为此时可能连顾客自己也不清楚其潜在需求到底是什么（Workman，1993）。

竞争强度（Competition Intensity）是指行业内不同企业争夺客户、展开竞争的激烈程度（Porter，1985）。当竞争强度水平较低时，顾客对企业的产品或服务有较高程度的黏性，对企业的忠诚度较高。此时，企业经营受到外部威胁的可能性较低，业绩表现良好。相比之下，在竞争强度非常高的环境中，市场上为顾客提供相似产品或服务的企业数量多，顾客有很多替代性的选择来满足自身的需求或欲望（Porter，1985）。当行业内的市场竞争异常激烈时，企业的竞争对手在市场上随处可见。此时,企业更需要密切关注其竞争对手,以了解自身与竞争者相比在市场上的相对地位并确立一个可防御的、难以复制的竞争地位(Jaworski 和 Kohli,1993)。

第二节　概念模型的提出

基于新一代信息技术的商业模式创新改变了企业的竞争优势来源和价值创造方式。对于新创企业来说,其商业模式创新是通过新颖型商业模式设计实现的(Schneckenberg 等,2017)。在实践中,一大批新创企业(如微信、支付宝、美团等)纷纷通过新颖型商业模式设计实现了快速成长,甚至还颠覆了传统的行业竞争格局。但与此同时,新颖型商业模式设计并非坦途,很多创业者对于如何实现新颖型商业模式设计仍存在诸多困惑。为了破解这一难题,理论研究需要阐明影响新颖型商业模式设计的关键因素及影响机制,而以往研究对此未能给出满意的答案。如何实现新颖型商业模式设计是亟待解决的现实问题和理论问题。

目前,针对这一问题,理论研究主要有三种主流的研究视角:理性定位视角、演化视角和认知视角(Martins 等,2015)。其中,理性定位视角认为,新颖型商业模式是企业理性设计的结果。企业在对环境进行理性分析的基础上,对商业模式的内容、结构或治理方式进行理性地设计与改进,从而实现新颖型商业模式设计(Casadesus - Masanell 和 Ricart,2010;Teece,2010);演化视角的研究者认为,决策者的有限理性和环境高度不确定性决定了企业要通过不断地试验,对商业模式的内容、结构或治理方式进行渐进的调整,并在不断试错和迭代中实现新颖型商业模式设计(Chesbrough,2010;Sosna 等,2010);认知视角的研究者认为,前两种视角均把外部环境的变化视为商业模式设计的驱动力,而未考虑决策者主动的认知范式的改变对新颖型商业模式设计所发挥的作用(Martins 等,2015)。

而从企业实践来看,新颖型商业模式设计是一个复杂的系统工程,最终的成功可能既离不开创业者的理性规划和不断迭代,又与创业者自身的认知范式密切相关。因此，为了更清晰地阐明新颖型商业模式设计的实现机理，并构建商业模式的统一研究框架，理论研究需要融合三种研究视角，尤其是采用微观化的解释逻辑，深入分析理性定位视角和演化视角的认知范式。而从认知视角出发，最新的效果理论为探索上述两种视角的认知范式提供了重要的启示。

根据效果理论，因果逻辑和效果逻辑是决策者在资源约束和不确定性环境中进行决策制定时所采用的两种不同的决策逻辑（Sarasvathy，2001），可以指导企业实现某一具体的创业结果（Sarasvathy 和 Dew，2005）。而新颖型商业模式设计作为一种具体的创业结果（Amit 和 Zott，2001），上述两种视角实际体现了因果逻辑和效果逻辑的不同。理性定位视角的研究者秉承了因果逻辑的观点，而演化视角的研究者更多地采用效果逻辑。按照因果逻辑，企业需要清晰定义商业模式设计目标、利益相关者活动、参考模式以及环境限制。随着环境变化，根据最优化原则对商业模式要素进行改进，从而设计出新的商业模式。然而，以效果逻辑为核心的演化学派认为，商业模式设计要从企业已经掌握的资源为基础，在不确定环境下逐步学习和改进。

两种观点的争论说明，理论研究需要进一步分析两种决策逻辑（因果逻辑和效果逻辑）对新颖型商业模式设计的影响作用、影响条件（权变因素）和影响路径。

首先，现有文献对两种决策逻辑的解释主要聚焦于，创业者在不同决策逻辑指导下的行为差异，并且主要以概念分析和比较为主（Welter 等，2016），仅有少数研究运用案例的方法阐述了两者对商业模式开发的不同作用（Reymen 等，2017）。而为数不多的实证研究大都在试验的情境下完成，缺乏实证检验不同决策逻辑会如何作用于新颖型商业模式的设计（Foss 和 Saebi，2017）。基于此，本书试图分析和检验创业者的决策逻辑如何影响新创企业的新颖型商业模式设计。

其次，从权变的角度来说，决策逻辑的运用具有情境依赖性，随着创业者所处的具体情境发生变化，不同决策逻辑作用发挥的效果可能有差异（Reymen 等，2015）。现有学者已提出了以下影响决策逻辑作用发挥的权变因素：环境不确定性（Arend 等，2015；Laine 和 Galkina，2017）和企业所在行业的增长潜力（Futterer 等，2018）等。但以往的权变因素研究均有一个共同的假设前提：因果逻辑在市场不确定性较低的环境中发挥更大作用，而效果逻辑在市场不确定性较高的环境中发挥更大作用（Sarasvathy，2001）。但近期也有学者认为，因果逻辑在市场不确定性较高的情境下同样发挥着重要作用（Maine 等，2015）。并且，市场不确定性的不同表现形式因代表了不同的环境特征，将可能会对两种决策逻辑的作用发挥产生不同的影响（Arend 等，2015）。然而，以往研究均未进一步区分市场不确定性的类型，未能辨明不同形式的市场不确定性对不同决策逻辑作用发挥所产生的差异化影响。由于市场不确定性主要强调市场环境变化的不稳定性、动荡性和不可预测性，其随机效果主要是由顾客需求与偏好波动所引起的需求不确定性，以及市场竞争越来越激烈所诱发的竞争强度增加所构成，这两者成为市场不确定性的典型代表（Voss 和 Voss，2000）。因此，本书尝试打开市场不确定性的两个维度，并提出如下问题：需求不确定性和竞争强度是否在决策逻辑与新颖型商业模式设计间的关系中发挥不同的调节作用？

又次，为了解决两种观点的争论，并清晰地阐明决策逻辑与新颖型商业模式设计间的关系，理论研究还需要进一步揭示决策逻辑影响新颖型商业模式设计的中间机理。考虑到创业者自身的决策逻辑并不能直接转换为结果（新颖型商业模式设计），而是需要通过决策逻辑引导下的一系列行为过程才能使其真正发挥作用。因此，有必要探究决策逻辑影响新颖型商业模式设计的行为过程。而创业学习作为一个具体的行为过程，在以往的研究中已经暗示了其可能发挥的中介作用，理由如下：第一，效果理论已指出，因果逻辑可以引导创业者通过创业学习来不断完善商业计划，效果逻辑可以引导创业者通过创业学习来不断试错和试验；第二，组织学习理论指出，通过创业学习可以为新颖型商业模式设计奠定知识基础。然而，以往研究却并未对创业学习是否在决策逻辑与新颖型商业模式设计间的关系中发挥中介作用加以关注。因此，基于效果理论和组织学习理论，本书尝试引入创业学习这一中介变量，以深入探讨决策逻辑对新颖型商业模式设计的影响路径，并提出如下研究问题：决策逻辑是否以及如何通过创业学习的中介作用来影响新颖型商业模式设计？

再次，Politis（2005）结合组织学习理论和新创企业的特点，从知识转换的视角提出，在创业情境下，创业学习以经验学习为主。受到这一研究的启发，Holcomb 等（2009）将创业学习又进一步细化为，从自身以往经验中直接获取一手知识并不断试错的经验性学习，以及从自身以外的其他个体或对象处间接获取二手知识的获得性学习。两者为新创企业带来不同的知识基础（Baum 等，2000；Holcomb 等，2009），对新颖型商业模式设计产生不同的影响（Berends 等，2016）。然而，以往研究却在概念上将创业者不同来源的经验视为等同，忽视了创业学习的多维本质，难以真正阐明不同形式的创业学习在商业模式设计过程中应有的作用。因此，基于效果理论和组织学习理论，本书在区分经验性学习和获得性学习的基础上，将第二个问题进一步细化为：决策逻辑是否通过上述两种创业学习的中介机制影响新颖型商业模式设计？

最后，根据近年来学者们对中介作用"边界效应"的研究探索，本书又进一步深化了上述讨论，提出第三个研究问题：创业学习的中介作用是否会受到其他因素的影响？为了回答这一问题，本书将市场不确定性作为切入点，探讨不同形式的市场不确定性对创业学习中介作用的影响，而这关键是探讨市场不确定性对创业学习与新颖型商业模式设计间关系的调节作用。考虑市场不确定性作为权变因素的原因主要有两个：一是现有研究已表明，创业学习的效果将受到市场不确定性的影响（Wang 和 Chugh，2014）。但市场不确定性对创业学习作用发挥效果的研究却存在不一致甚至是矛盾的观点（Covin 和 Slevin，1991；Antoncic 和 Hisrich，2001）。考虑到不同形式的市场不确定性（需求不确定性和竞争强度）代表了不同的环境特征（Voss 和 Voss，2000），可能会对创业学习的作用发挥产生不同的影响。因此，本书从区分市场不确定性的角度出发，试图在一定程度上解决目前研究结论的不一致。二是新颖型商业模式设计的本质就是要挖掘用户的潜在需求，为顾客创造全新的价值主张和体验。而在创业的情境下，环境不确定性水平较高，尤其是用户需求不确定性和竞争强度的加剧带来的市场不确定性增加了新颖型商业模式设计的实施难度，因此，实现新颖型商业模式时设计必须要时刻关注市场不确定性的变化。

基于以上讨论，本书在整合效果理论、组织学习理论、商业模式和环境不确定性相关文献的基础上，基于"认知—行为—结果"的逻辑主线，构建了决策逻辑、创业学习、市场不确定性和新颖型商业模式设计间关系的理论模型，如图 3-1 所示。

第三章 理论模型和假设提出

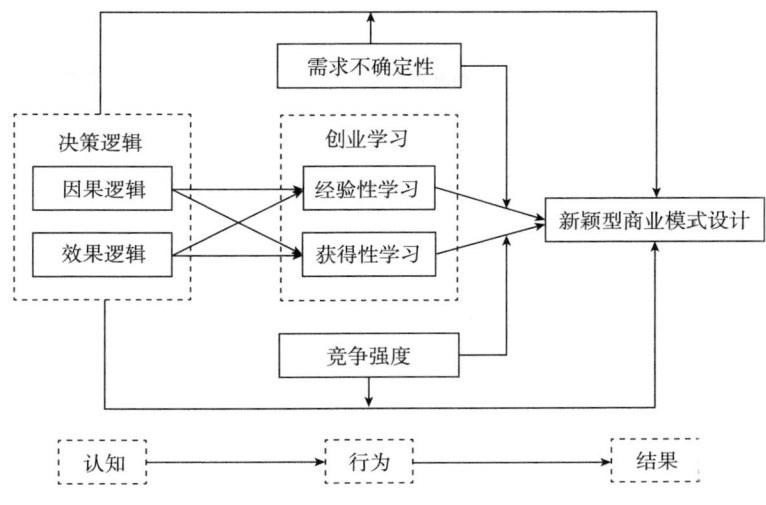

图 3-1 概念模型

第三节 理论假设的提出

一、决策逻辑和新颖型商业模式设计

新颖型商业模式设计的本质是要满足顾客全新的价值主张、需求或体验，它是通过对活动系统的内容、结构或治理方式的创新而实现的（Zott 和 Amit，2010）。因果逻辑和效果逻辑作为决策者在资源约束和不确定性环境中进行决策制定时所采用的两种不同的决策逻辑，对实现新颖型商业模式设计均有显著的促进作用。

1. 因果逻辑对新颖型商业模式设计的影响

因果逻辑强调以目标为导向，假设决策者是理性的，以预期收益最大化为原则，在对环境进行竞争性分析、预测和计划的基础上，用最可行的手段去实现既定目标（Sarasvathy，2001）。该决策逻辑有助于新创企业实现新颖型商业模式设计。

首先，新颖型商业模式设计需要新创企业在多个要素分析的基础上，识别出用户的潜在需求，以最终向用户提供全新的价值主张（Amit 和 Zott，2001）。而因果逻辑强调，要对外部环境进行理性分析（例如，了解谁是企业的竞争对手、竞争对手向市场提供了哪些产品或服务、有哪些产品性能或服务需要进一步提升、有哪些用户需求未得到满足等）。通过对环境的理性分析，可以帮助新创企业对现有市场状况有一个相对全面的掌握，对用户需求的最新动向也有了初步的了解，进而为识别或挖掘出未满足的用户需求奠定了基础（Porter，1985）。另外，理性分析市场环境还能帮助创业者提高其行为的有效性，引导创业者不断收集和分析市场信息以确保企业的自身努力与顾客的期望相匹配（Delmar 和 Shane，2003）。企业越是强调对外部环境进行理性分析，越有可能识别出现有商业模式的缺陷和未满足的用户需求，也越会通过替代旧的商业模式要素来塑造新的商业模式。因此，理性分析市场环境为新创企业识别潜在用户需求，进而实现新颖型商业模式设计奠定基础。

其次，新颖型商业模式设计旨在寻找新的交易方式或商业逻辑（Zott 和 Amit，2010），主要强调对企业内外部的各种资源或交易方式加以重新组合，以最大程度地实现价值的创造和捕获（Zott 和 Amit，2007；Amit 和 Zott，2015）。而因果逻辑强调，在制定决策时，要以收益最大化为原则确定出清晰的目标，并整合自身和利益相关者的各种资源去实现该目标（Sarasvathy，2001）。如果创业者在设计商业模式之初，已经确定了相对清晰的目标，那么就能有针对性地去搜寻所需要的新资源、交易方式、经营要素或商业逻辑，进而为快速有效地重新整合各类资源或交易方式奠定基础，也能进一步增强新颖型商业模式设计的实施效果。

最后，新颖型商业模式设计可能涉及对新创企业的整个价值创造过程或运作流程进行重塑，这需要新创企业充分获取各类资源，以确保新颖型商业模式设计的顺利开展（Amit 和 Zott，2001）。因果逻辑强调在开展创业活动之初，制订出相对清晰的计划。计划是指企业在对内外部环境展开分析的基础上，所提出的在未来一定时期内所要实现的目标和达到目标的途径。新创企业存在资源禀赋少和合法性不足的困惑,在新颖型商业模式设计过程中所面临的外部环境是高度不确定的,更需要获取利益相关者的支持和相关资源。而清晰的计划明确了企业的发展愿景,规划了企业实现其发展愿景或目标的途径和方式。在信息不对称的环境中,清晰的计划可有助于利益相关者了解新创企业未来的发展价值和潜力,增强其对新创企业合法性的评估,有助于新创企业获取利益相关者的认可和资源支持,进而有助于促进新颖型商业模式设计的顺利开展(Brinckmann 和 Kim, 2015;Reymen 等, 2015)。因此,提出以下假设:

H1a:因果逻辑与新颖型商业模式设计呈正相关关系。

2. 效果逻辑对新颖型商业模式设计的影响

效果理论指出,效果逻辑以手段为导向,关注手头可利用的资源;认为决策者是有限理性的,目标是在不断试验、试错或迭代的过程中实现的;注重与利益相关者建立合作关系,并灵活应对意外事件,把风险控制在可承受的范围之内(Sarasvathy, 2001)。在高度不确定的环境中,效果逻辑有助于新创企业实现新颖型商业模式设计。

首先,新颖型商业模式设计需要企业接触到更多的交易内容、结构或治理方式,这需要企业提高学习和搜寻的范围(Amit 和 Zott, 2001)。效果理论认为,效果逻辑强调创业者要充分识别并利用手头已有的资源或手段(Means),这些资源或手段主要包括:创业者自身的能力和先前经验(who I am)、所认识的成功创业者和所拥有的知识(what I know)以及所处的社会网络(whom I know)。这些资源或手段意味着创业者拥有一定的资源基础、吸收能力或社会资本(Sarasvathy, 2001),从而为新创企业获取更多的新知识、扩大学习和搜寻的范围奠定基础(Berends 等, 2014)。

其次,新颖型商业模式设计需要新创企业根据市场的反馈情况不断完善现有的商业模式,以便最终为用户提供全新的价值主张(Amit 和 Zott, 2001)。不断试验和灵活性原则强调,创业者在设计商业模式时,应依据市场接受程度、用户反馈和销量情况等,不断做出调整以保持行为的适应性,并通过不断迭代,逐步挖掘出用户的潜在需求(Sarasvathy, 2001)。由于外部环境的高度不确定性,事先确定好的目标并不总是有效,因此,试验和灵活性原则有助于创业者及时对最初的商业模式进行修正（Fisher，2012；Cai 等，2017），从而为新创企业不断调整或更新价值主张，进而为实现新颖型商业模式设计提供了可能（Andries 等，2013）。

再次，新颖型商业模式设计可能涉及对新创企业的整个价值创造过程或运作流程进行重塑，这需要资源短缺的新创企业充分获取各类资源，以确保新颖型商业模式设计的顺利开展（庞长伟等，2015）。前期承诺强调，创业者应注重和利益相关者建立战略合作关系。该原则可以有助于新创企业从利益相关者那里获取更多的资源，以扩大其可利用的资源基础（Sarasvathy，2001）。例如，在实现新颖型商业模式设计的过程中，创业者需要得到投资者资金的支持、顾客的信息反馈、供应商的各种支持等。如果创业者能提前获取这些利益相关者的支持或承诺，将会帮助新创企业吸引或获取到新颖型商业模式设计所需要的关键资源或能力，从而极大地降低设计过程中的不确定性和风险，为实现新颖型商业模式设计奠定资源基础（Read 等，2009a）。

最后，新创企业由于资源禀赋少，需要以较小的成本，快速有效地发挥已有资源的价值，从而为实现新颖型商业模式设计保驾护航。可承受损失原则是指创业者将资源投入量设定在可承受的损失范围内，资金的投入量不会超过初步设定的损失标准以控制风险（Amit 和 Zott，2001）。该原则有助于新创企业以最小的成本充分发挥并利用手头已有资源的价值，从而尽可能降低企业面临失败的可能性。对于具有"新进入者缺陷"的新创企业来说，较低的合法性意味着它将很难从外部市场中获取有价值的资源，或获取的成本较高。该原则有助于新创企业在资源约束的环境中以较小的成本和较低的风险创造性地组合手头的资源、并识别到有潜力的市场机会（Cai 等，2017），从而有助于新创企业实现新颖型商业模式设计。因此，提出以下假设：

H1b：效果逻辑与新颖型商业模式设计呈正相关关系。

3. 因果逻辑和效果逻辑对新颖型商业模式设计的相对影响力

虽然本书提出，因果逻辑和效果逻辑均与新颖型商业模式设计呈正相关关系，但是并不意味着两种决策逻辑对新颖型商业模式设计具有相同程度的作用。依据效果理论，两种决策逻辑主要反映了决策者在不确定性环境下制定决策时所遵循的认知范式。鉴于这两种决策逻辑间存在较大的差异，本书提出如下问题：两种决策逻辑对新颖型商业模式设计的正向影响是否相同？

本书认为，与因果逻辑相比，效果逻辑对新颖型商业模式设计的正向影响作用更强。具体地，效果逻辑强调，创业者要基于手头已有的资源，把风险控制在可承受的范围之内，通过不断的试验来逐步实现可能的目标，注重获取利益相关者的前期承诺，以事先获取所需要的各种资源。试验、试错、以手段为导向的原则有助于新创企业逐步挖掘或识别出用户的潜在需求，从而为用户提供出满足其真正需求的价值主张。前期承诺的原则有助于创业者从利益相关者那里获取到所需要的资源，为其渐进地调整或重塑商业模式的内容、结构或治理方式奠定资源基础。因此，效果逻辑对新创企业实现新颖型商业模式设计有积极影响。

当然，因果逻辑强调，应对环境展开理性地预测，以收益最大化为原则确定出清晰的目标和计划，以降低环境不确定性和风险。这些原则也能够促进新创企业实现新颖型商业模式设计。其原因在于，一方面，对环境展开理性分析可以帮助新创企业对现有的市场状况，尤其是用户需求的最新动向有相对全面的了解，为其进一步挖掘或识别用户潜在需求奠定基础；另一方面，与目标为导向和计划的原则有助于新创企业提高其行为的有效性，也有助于帮助新创企业获取到利益相关者的各种资源、支持或认可，从而为其实现商业模式内容、结构或治理方式的创新奠定坚实的资源基础。

然而，外部环境的高度不确定性、创业者的有限理性和新创企业有限的资源基础，决定了对环境展开理性的预测，并在此基础上制定清晰的目标和计划是很难实现的，或说存在着较大的约束，从而在一定程度上可能制约着因果逻辑作用的有效发挥。因此，因果逻辑对新颖型商业模式设计的积极作用和消极作用将可能存在互相抵消的情况，致使因果逻辑对新颖型商业模式设计的积极作用弱于效果逻辑对新颖型商业模式设计的积极作用。另外，因果逻辑强调，以收益最大化为原则制定出清晰的目标和计划以指导后续的创业活动。而一旦环境发生突变，预先确定的目标就具有较高的不确定性和风险，通常会带来资源的浪费和高昂的成本，这也将大大降低资源短缺的新创企业采用因果逻辑的积极性和意愿。相较于理性分析环境并制定清晰目标的因果逻辑，效果逻辑致力于以可承受为原则，以最小的成本,通过不断试验和试错来对商业模式的内容、结果或治理方式进行循序渐进的调整,使创业者面临的风险和不确定性相对较小,也更容易取得成功。因此,本书提出如下假设:

H1c:效果逻辑相比较于因果逻辑,更有利于新颖型商业模式设计。

二、市场不确定性对决策逻辑作用发挥的影响

1. 需求不确定性对决策逻辑作用发挥的影响

需求不确定性是指顾客需求(偏好)的不稳定性或动态变化性(Jaworski 和 Kohli,1993)。在需求不确定性程度较高的环境中,顾客对产品的忠诚度变化很快,行业内现有产品更新换代的速度非常快,企业通常难以预测顾客不断变化的现实需求或潜在需求。在这种情况下,一方面,需要创业者在有限市场信息的条件下快速地做出决策,而创业者面临的决策环境非常复杂,没有相应地组织惯例作为决策的参考,这增加了决策的不确定性;另一方面,由于新创企业缺乏合法性,所提供的产品能否满足用户需求,被用户所接受是高度不确定的,加上用户需求难以把握,这必将增加决策的风险。在这种情况下,需求不确定性对两种决策逻辑作用的发挥可能产生不同的影响。

首先,需求不确定性可能会削弱因果逻辑对新颖型商业模式设计的促进作用。因果逻辑强调,要注重对外部市场环境展开理性分析,有助于新创企业识别出原有商业模式的缺陷和新的细分市场用户需求,从而为其提供新的价值主张。但该原则的顺利实施必须基于新创企业能准确预测并获取稳定的市场需求信息(吴隽等,2016)。而需求的不确定性就可能会导致新创企业对市场需求等信息的预测不准确,进而不利于创业者对市场信息的获取和对顾客需求的把握(Jaworski 和 Kohli,1993)。另外,因果逻辑强调的目标和计划原则要求新创企业对市场的竞争态势和自身的竞争地位做出准确的分析和预测。需求不确定性可能会导致新创企业基于模糊的、不准确的,甚至是错误的用户需求信息而做出了错误决策,从而增加了决策的不确定性和风险,抑制了创业者依靠因果逻辑来实现新颖型商业模式设计的积极性和意愿。

其次,需求不确定性将可能会增强效果逻辑对新颖型商业模式设计的促进作用。理由如下：第一，需求不确定性使创业者更加注重试验的作用。当用户需求难以识别时，不断的试验（尝试）可以帮助创业者通过不断的试错或迭代尽可能准确地捕捉到有关用户需求或市场发展趋势等方面的新信息（Sarasvathy，2001）；第二，需求不确定性将可能促使创业者更加注重手段导向作用的发挥。当用户需求不确定性程度较高时，创业者通过迅速将手头已有的资源进行转化、吸收和利用，可以更大程度地降低风险和不确定性；第三，需求不确定性激励着创业者更加倾向于保持自身行为的灵活性，以迅速响应顾客需求，快速识别新的市场趋势，不断为用户提供新的价值主张；第四，需求不确定性使得前期承诺的作用更加突出。新创企业一旦与顾客等利益相关者达成战略协议（例如，顾客答应试用新创企业的新产品并不断提供反馈），就在很大程度上降低决策风险，更容易获取有关顾客需求的新知识。因此，提出以下假设：

H2a：需求不确定性削弱了因果逻辑对新颖型商业模式设计的促进作用。

H2b：需求不确定性增强了效果逻辑对新颖型商业模式设计的促进作用。

2. 竞争强度对决策逻辑作用发挥的影响

当竞争强度水平较高时，企业与企业间的竞争异常激烈，市场上的供求平衡关系将会发生很多不可预测的变化，企业非常容易受到竞争对手的攻击。另外，高水平的竞争强度也可能意味着，企业对市场中有限的资源或已有市场份额的争夺强度变大，从而导致资源的不稳定和稀缺（Jaworski 和 Kohli，1993）。在这种情形下，企业必须要快速地进行竞争性分析和市场定位，迅速地识别或响应细分市场的用户需求，保持其在本行业的竞争地位，并对竞争者的行为快速响应。否则，将会很快被市场所淘汰。此时，竞争强度对两种决策逻辑作用的发挥可能产生不同的影响。

首先，高水平的竞争强度将可能会增强因果逻辑对新颖型商业模式设计的促进作用。因果逻辑强调，企业要注重对外部环境展开理性分析，以识别出原有商业模式的缺陷，以及新的细分市场的用户需求。在竞争强度较高的环境中，市场已经逐步趋于成熟，企业的竞争对手几乎随处可见。在这种情况下，新创企业容易搜集并获取到有关竞争者或合作伙伴的大量相关信息。而大量可获得的市场信息意味着新创企业对内外部环境展开理性分析和预测将会更容易实施（Alvarez

和Barney，2005）。另外，高水平的竞争强度意味着用户的转换成本较低，如果新创企业采取的某一战略行动取得成功，其收入也将相当可观（Jaworski和Kohli，1993）。这意味着创业者对环境展开理性分析和预测的积极性和动力也可能增强。通常在竞争强度较高的环境中，创业者可能会更加积极地按照价格细分、年龄细分、价值观细分等方式重新界定新的目标市场，制定出清晰的目标和计划，以搜寻到自身的市场发展空间和新的细分市场的用户需求。

其次，在竞争强度水平较高的环境中，效果逻辑对新颖型商业模式设计的促进作用将可能会受到抑制。理由如下：第一，当竞争强度水平较高时，市场上的供求平衡关系将会发生很多不可预测的变化，新创企业非常容易受到竞争对手的攻击。同时，竞争对手将会努力去争夺市场中的有限资源，从而导致资源的不稳定和稀缺（Jaworski和Kohli，1993）。此时，新创企业必须要快速地进行市场定位以获得生存。虽然效果逻辑强调的不断试验可以通过不断试错获取新知识，但却是一个大量消耗资源且耗时的过程，不利于资源稀缺的新创企业在激烈的竞争中迅速打开市场局面，因此，将难以在短期内迅速获取所需要的新知识。第二，竞争强度也将抑制前期承诺作用的发挥。前期承诺主要是指新创企业与顾客、供应商等利益相关者预先达成协议以降低不确定性。例如，合作伙伴事先答应与新创企业建立战略联盟合作关系，或用户事先承诺购买新创企业的产品或服务。竞争强度的增加将促使新创企业与利益相关者间的信任降低，潜在冲突增加，不利于战略联盟合作关系的建立。因此，提出以下假设：

H3a：竞争强度增强了因果逻辑对新颖型商业模式设计的促进作用。

H3b：竞争强度削弱了效果逻辑对新颖型商业模式设计的促进作用。

三、创业学习的中介作用

1. 因果逻辑对创业学习的影响

作为因果逻辑的主要原则，以目标为导向、强调计划、预期收益最大化、对外部环境展开理性分析对经验性学习和获得性学习均有显著的促进作用。

首先，经验性学习和获得性学习需要新创企业通过各种途径积累并获取到新的知识，以克服维持现状的偏见（Status Quo Bias）（Futterer等，2018）。因果逻辑强调，要在对外部环境展开理性分析的基础上，识别出现在市场中未被满足的用户需求，或所在行业的主导商业模式设计的缺陷，进而有针对性地制定出新的商业模式设计目标。该过程非常复杂，涉及频繁的计划会议、详细的市场分析和预测、周密的投资组合分析与比较等（Delmar 和 Shane，2003）。一方面，新创企业越是强调对环境展开理性地分析，越有可能从记忆中搜寻一些典型代表的经验或知识，并将其中一部分经验进行转化，进而去识别或思考以下的相关问题：本企业正在面临哪些威胁生存和发展的外部力量？新创企业未来的发展目标是什么？需要为哪些用户提供新的价值主张？通过何种途径来挖掘用户的潜在需求？创业者越是强调对环境展开理性分析，越有可能通过加强经验性学习来分析本行业的竞争态势，并获取有关用户需求的新知识。另一方面，新创企业越是强调对环境展开理性分析，也越有可能加强获得性学习，以观察（分析）竞争对手或合作伙伴等利益相关者的竞争战略，并思考这些利益相关者的行为或竞争战略为何会发挥作用？从而为自身战略的制定或新颖型商业模式设计提供新的参考模板（Casadesus-Masanell 和 Zhu，2013）。因此，对环境展开理性分析并制定清晰的目标有助于经验性学习和获得性学习。

其次，经验性学习和获得性学习需要通过获取新的知识来完善或重构自身价值创造体系，并为新颖型商业模式设计奠定知识基础（Berends 等，2016）。因果逻辑强调，新颖型商业模式设计需要以收益最大化为原则。一方面，创业者越是强调预期收益最大化，越有可能会谨慎地基于自身先前的经验或知识对以往成功的行为加以复制，并尽量避免先前的失败行为，以便更好地完善或重塑自身的价值创造体系（Politis，2005）；另一方面，创业者越是强调预期收益最大化，越有可能会慎重地观察市场中存在哪些成功或失败的商业模式，思考其成功或失败的原因是什么，如何才能更好地弥补主导的商业模式设计的缺陷，如何才能吸收到成功的经验，通过对上述问题的思考，新创企业逐步获取了有关重塑价值创造体系的新知识（Denrell，2003）。因此，根据以上分析，提出以下假设：

H4：因果逻辑对（a）经验性学习和（b）获得性学习均有显著的促进作用。

2. 效果逻辑对创业学习的影响

经验性学习和获得性学习需要新创企业不断获取有关用户需求的新知识或新

的交易方式，以搜寻出新的商业逻辑或发展路径（Berends 等，2016）。作为效果逻辑的主要原则，试验、可承受损失、手段导向、前期承诺对经验性学习和获得性学习均有显著的促进作用。

首先，作为一种探寻未来的方式，试验激励着创业者不断通过尝试或试错的方式来积极搜寻有关新产品或服务的新知识，并促使新创企业与供应商、顾客或竞争者不断交互以识别新的市场机会或技术趋势（Brettel 等，2012）。可承受损失原则强调，在商业模式设计过程中，不进行大规模的市场调研，而是将资源的投入量控制在可承受的范围之内（Chandler 等，2011）。通过最小化的可行产品（Minimum Viable Product）对目标市场展开测试，对效果反馈不好的产品或服务及时终止，以减少在错误方向上的无效投资，节约摸索和试错的时间，尽快将精力投放在搜寻其他新的发展路径上（胡海青等，2017）。创业者越是强调可承受损失的原则，越有可能会以最小的成本对新知识的价值进行试错和检验，以搜寻出新的发展路径（吴隽等，2016）。

其次，手段导向强调，新创企业要以手头已有的资源和能力为基础，以灵活性为原则，不断扩大可利用资源的数量和范围，并对新旧资源加以整合、配置或利用（Sarasvathy，2001；Smolka 等，2016）。从吸收能力的视角来看，它涉及创业者对于识别、获取、吸收和管理知识的能力（吴隽等，2016），而从不同途径获取的经验或知识均可被视作是可利用的资源（Smolka 等，2016）。因此，创业者越是强调手段导向，越会充分思考"我是谁""我知道什么""我认识谁"以扩充其可利用资源的数量和范围（胡海青等，2017）。对前两个问题的思考会加强创业者对自身既有资源禀赋（技能、知识、经验等）的识别和反思，有助于经验性学习。对后一个问题的思考会加强创业者对其拥有的社会关系网络的思考，以及对他人经验、知识或资源的获取和吸收，有助于获得性学习。

最后，前期承诺强调，创业者应注重与顾客、供应商或其他利益相关者建立战略联盟合作关系，并从利益相关者那里获得预先承诺以降低不确定性（Sarasvathy，2001）。一方面，该原则有助于引导新创企业加强获得性学习以识别或获取到利益相关者所拥有的资源、技术和知识等（彭学兵等，2017）；另一方面，还有助于引导创业者不断加强经验性学习以获取到开展战略联盟所需要的以下基础知识：保障战略联盟顺利开展所需要的惯例或方法等（张明等，2008）。

因此，根据以上分析，提出以下假设：

H5：效果逻辑对（a）经验性学习和（b）获得性学习均有显著的促进作用。

3. 创业学习对新颖型商业模式设计的影响

新颖型商业模式设计需要创业者充分理解价值创造的过程，并对商业模式的内容、结果或治理方式进行配置。通过经验性学习，创业者可积累一些"只可意会不可言传"的隐性知识或行为惯例，有助于加深对价值创造过程的理解，提高商业模式设计的决策效率和效果。因为惯例反映了一种经验的智慧，是一种个人在面临不断变化的内外部刺激时，所表现出来的一种稳定的行为模式。通过对自身以往经验的试错学习，成功的经验得以保留，失败的经验得以摒弃，由此产生了惯例（Gavetti 和 Levinthal，2000）。它也代表了一种程序化的记忆（Cohen 和 Bacdayan，1994），会产生类似半自动的刺激—反应的机制和影像，以及启发式思考（Bingham 等，2007）。这将促使创业者在高度不确定性环境中能够凭借直觉、洞察力等方式在众多可能的机会中快速、准确地过滤、筛选、识别或感知到特定有价值的机会，从而会提高新颖型商业模式设计的实施效率和效果。另外，经验性学习还可以帮助创业者管理和控制创业过程中的不确定性，提高创业者对某一特定领域的知识吸收能力，使其能够在特定领域内形成一种专家力量（专长权），从而可以更好地理解和预测顾客潜在的需求，为顾客提供可行的价值主张（Baum 等，2001）。基于以上分析，本书提出：

H6a：经验性学习与新颖型商业模式设计呈正相关关系。

获得性学习可以帮助创业者跨越自身的知识边界，搜寻并积累到很多自身领域以外的新知识。积累的过程能够带来更多异质性高的理念或商业逻辑，有助于激发创业者对不同商业要素进行创造性地匹配或组合以实现新颖型商业模式设计。具体来说，对竞争对手成功的商业模式进行模仿或借鉴可以为创业者提供新的参考样板。向供应商或合作伙伴等利益相关者学习，有助于创业者产生类比推理的思考（Ott 等，2017），为其搜寻到新的价值主张或商业要素的新组合方式，并将新的商业逻辑运用到自身企业，以重塑价值创造系统提供新的设计灵感（Chesbrough，2010）。例如，雷士照明在与设计公司的合作中，向设计公司学习到了灯具的功能除了照明之外，还有美化的功能环境，避开了与现有竞争对手的红海之战，另辟蹊径地开发了新的市场机会，构建了新的商业模式。星巴克的CEO通过对"办公室""酒吧""专业零售店""画廊"这些自身领域以外的新的商业模式图式的类比推理和概念组合，创造性地形成了关于咖啡店的新颖型商业模式构想并取得了巨大的成功。因此，提出以下假设：

H6b：获得性学习与新颖型商业模式设计呈正相关关系。

新颖型商业模式设计的本质是要挖掘或识别出全新的价值主张，而全新价值主张的识别或挖掘是一个包含知识积累、消化、吸收和利用的过程。一方面，创业者可以从经验性学习中积累到同质性较高的知识，以加深对价值创造过程的理解；另一方面，创业者也可以从获得性学习中获取到异质性较高的新知识，从而为新颖型商业模式设计提供新的灵感。因此，经验性学习和获得性学习均与新颖型商业模式设计呈正相关关系。然而，鉴于这两种学习方式间存在较大的差异，因此，两者可能会对新颖型商业模式设计产生不同的影响。

总体来说，获得性学习相较于经验性学习，将可能更有利于新颖型商业模式设计。具体地，注重获得性学习的创业者通常会借鉴不同领域或不同行业的思维模式或经验，从而获取到多样化的新知识或新灵感。这些新知识或新灵感甚至可以挑战创业者长期以来形成的行为惯例，从而为其实现新颖型商业模式设计提供更大的可能。正如Holcomb等（2009）所指出的，获得性学习可以帮助创业者跳跃式地观察和搜寻到其他领域的新观点，从而有助于创业者开展更多的创新行为。另外，获得性学习还可以起到环境扫描和联想的作用。这将有助于帮助创业者积极地搜寻到新的市场发展趋势，并将获得到的新信息与已有信息构建联系，从而为新创企业探索新的用户需求，以及提供新的价值主张提供了条件。因此，获得性学习可以促进新颖型商业模式设计的实现。尽管经验性学习也能够在一定程度上促进新颖型商业模式设计的实现，然而，创业者过度依靠自身的经验性学习，可能会产生路径依赖性和惯性，限制了创业者搜寻新机会的范围和路径，致使创业者难以搜寻和识别到与以往经验差异较大的新机会（Baum等，2000），这将不利于创新活动的开展。由新颖型商业模式设计主要关注"获取更多异质性知识以挖掘用户的新需求、重塑价值创造体系、提供全新的价值主张"的特性可知，经验性学习在这些方面的促进作用是有限的。因此，本书提出如下假设：

H6c：获得性学习相较于经验性学习，更有利于新颖型商业模式设计。

4. 经验性学习和获得性学习的中介作用

由以上分析可知，一方面，因果逻辑（以目标为导向、注重对内外部环境展开理性分析、聚焦于预期收益最大化，并以预测为导向开展计划活动）有助于引导创业者加强经验性学习，以促使创业者在记忆中存储或积累新的信息或知识，扩展自身的知识基础和克服维持现状的偏见。这些方面均为新创企业识别新的顾客需求，挖掘新的价值主张，整合各种内外部资源，以及加深对价值创造过程的理解奠定了基础。另一方面，因果逻辑也有助于引导创业者开展获得性学习，以促使创业者积极地观察市场中较为成功典范企业的行为模式，分析竞争对手及合作伙伴等利益相关者的商业逻辑或成功经验，并思考这些商业逻辑或成功经验为何会发挥作用。这些方面均为新创企业重塑自身的价值创造体系，确定自身的价值主张，并最终实现新颖型商业模式设计提供了新的灵感或参考模板（Denrell，2003）。

此外，效果逻辑也可以引导新创企业开展更多的学习去搜寻、识别和理解新的创业知识以奠定新颖型商业模式设计的知识基础（Cai 等，2017）。一方面，创业者越是强调效果逻辑（以手段为导向，注重获得利益相关者的前期承诺，注重试验，以可承受损失和灵活性为原则）的作用，越会通过不断尝试（试错）来加强对自身经验的识别和反思，以积极搜寻有关新产品或其他商业要素的新知识，从而为实现价值创造和捕获奠定知识基础；另一方面，创业者越是加强效果逻辑的作用，越会倾向于跳出自身的路径依赖，通过借鉴或观察其他人的经验来获取新的灵感，从而为重塑价值创造体系，挖掘全新的价值主张奠定基础。因此，提出以下假设：

H7：因果逻辑通过（a）经验性学习和（b）获得性学习的中介作用影响新颖型商业模式设计。

H8：效果逻辑通过（a）经验性学习和（b）获得性学习的中介作用影响新颖型商业模式设计。

四、被调节的中介效应

在探究了经验性学习和获得性学习中介作用的基础上,本书继续深化了这一讨论,提出如下问题:两类创业学习的中介作用是否一成不变,是否会受到其他权变因素的影响?考虑到学习是在特定的情境下展开的,而学习所面临的一个最显著的情境就是市场不确定性(Kolb,1984)。一方面,它是创业者开展学习并获取知识的前提条件;另一方面,它也将会影响到学习效果的发挥(Wang 和 Chugh,2014)。因此,有学者探讨了市场不确定性对学习效果的影响。

从现有的研究结论来看,有两种不一致的观点。其中,一种观点认为,市场不确定性程度越高,意味着决策者面临着越高的状态不确定性、效果不确定性和应对不确定性,也就越难评估和预测学习的结果和有效性,这必将降低决策者学习的积极性和动力(Covin 和 Slevin,1991);另一种观点认为,市场不确定性为创业者带来了大量潜在的机会,促使创业者有更大的动力和空间通过不断学习来确定新的市场定位,为用户提供新的价值主张(Antoncic 和 Hisrich,2001)。考虑到不同形式的市场不确定性代表了不同的环境特征,有可能会对不同学习方式产生不同的影响。因此,本书试图从分析不同形式的市场不确定性入手,进一步探讨其是否对创业学习的作用带来不同的影响,以解决上述研究结论的不一致。

1. 需求不确定性对创业学习作用发挥的影响

需求不确定性是指顾客需求和偏好的不稳定性或异质性(Jaworski 和 Kohli,1993)。在需求不确定性水平较高的环境中,顾客需求和偏好变化的速度非常快,顾客对产品的忠诚度变化非常快,行业内现有产品更新换代的速度也非常快,导致企业很难预测顾客不断变化的现实需求和潜在需求。在这种情况下,经验性学习和获得性学习在促进新颖型商业模式设计方面,可能发挥不同的作用。

总体而言,在需求不确定性高的条件下,经验性学习相比于获得性学习,在新颖型商业模式设计方面将可能发挥更大作用。具体地,需求不确定性增加了创业者为顾客提供持续价值主张的难度,使价值创造过程充满着不确定性和风险。此时,经验性学习带来的隐性知识、启发式思考和吸收能力能够使有经验的创业者更好地发挥专家力量（专长权）的作用，从而为其更准确地预测、识别和挖掘新的细分市场和顾客需求提供可能。例如，支付宝从最初的"根植淘宝"发展到如今的"独立支付平台"，就是在自身经验积累的基础上，持续地为用户提供"简单、安全、快速"的在线支付解决方案，不断维护和发展支付平台的功能，不断为用户提供新的价值主张或体验，这种新的商业模式对传统银行带来巨大冲击。正如 Zahra 和 George（2002）指出的，在某一特定领域积累的经验越多，吸收能力和整合、配置新旧知识的水平会越高，越有利于对新市场趋势的识别，对价值创造过程的理解和大量创新想法的实施。尽管获得性学习也能够帮助创业者识别到新的价值主张，但需求不确定性决定了新价值主张是否能真正满足顾客需求的效果是难以确定的和存在风险的。由新颖型商业模式设计关注"根植于顾客需求，不断挖掘顾客潜在需求，及时、准确地为用户提供新的价值主张"的特性可知，在需求不确定性高的情况下，获得性学习在这些方面的促进作用可能受到限制。因此，提出如下假设：

H9：在需求不确定性越高的环境中，经验性学习相比较于获得性学习，在促进新颖型商业模式设计方面发挥更大作用。

2. 竞争强度对创业学习作用发挥的影响

竞争强度是指企业所在行业内的市场竞争程度。当竞争强度水平较高时，行业内经常有强大的竞争者进入，存在激烈的价格战，市场竞争状况难以预测，竞争对手之间的竞争越来越激烈，竞争者提供几乎相同的产品或服务，企业的任何举动都会使竞争者快速反应（Jaworski 和 Kohli，1993）。在这种情况下，经验性学习和获得性学习在促进新颖型商业模式设计方面，可能会发挥不同的作用。

总体来说，获得性学习相比经验性学习，在促进新颖型商业模式设计方面可能发挥更大的作用。具体地，在竞争异常激烈的环境下，企业必须要快速地进行竞争性分析和市场定位，以迅速响应细分市场的用户需求，保持在本行业的竞争地位，并对竞争者的行为快速响应。否则，将可能会很快被竞争对手打败，被市场所淘汰。此时，获得性学习能够帮助创业者快速地识别到更多异质性较高的新知识、新商业逻辑或新商业要素的配置方式，从而可以有效地激发创业者构思和设计出新的商业模式，快速地搜寻到商业模式创新的新的切入点，从而及时地对竞争市场做出反应。例如，虽然移动、联通、电信等通信公司市场定位和竞争策略稍有差异，但仍然避免不了长期以来的激烈竞争，因为它们主导的商业模式基本相同，均是通过构建基础设施来提供通信的基础服务，并通过对通信服务的收费来实现价值的创造。又如，微信借鉴互联网企业"基础服务免费，增值服务收费"的商业逻辑，开发出了新的商业模式，在激烈竞争的环境中迅速开创了一片蓝海，对传统的通信行业带来巨大冲击。相比之下，通过经验性学习积累的新知识和"专家力量"需要长期的经验积累，在激烈竞争的环境中，难以在短期内迅速地打开市场局面，探索出新的商业模式。因此，提出如下假设：

H10：在竞争强度高的环境中，获得性学习相比较于经验性学习，在促进新颖型商业模式设计方面发挥更大作用。

综合上述假设，本书认为，创业者采取的两种决策逻辑有助于引导创业者通过创业学习来识别、理解和获取新的知识，而创业学习可以进一步帮助新创企业实现新颖型商业模式设计。更进一步地，创业学习作用的发挥受到不同形式的市场不确定性的影响。其中，在需求不确定性高的环境中，经验性学习相比较于获得性学习，在促进新颖型商业模式设计方面发挥更大作用；而在竞争强度高的环境中，获得性学习相比较于经验性学习，在促进新颖型商业模式设计方面发挥更大作用。因此，结合假设7（7a和7b）、假设8（8a和8b）、假设9和假设10，本书产生了第二阶段的被调节的中介模型（Edwards和Lambert，2007；Hayes，2013）。这个整合的模型认为，创业学习（包括经验性学习和获得性学习）对决策逻辑和新颖型商业模式设计间的关系起到中介作用，而这一中介作用将会受到市场不确定性（包括需求不确定性和竞争强度）的影响，随着市场不确定性的不同表现形式和程度的变化而变化。

首先，需求不确定性水平越高，意味着创业者识别或挖掘用户潜在需求的难度将会加大，使价值创造的过程更加充满不确定性和风险。此时，经验性学习可以更好地帮助创业者加深对价值创造过程的理解，进而在特定领域充分地发挥专家力量（专家权），并为准确地预测或挖掘新的细分市场和用户潜在需求提供更大的可能。因此，需求不确定性将会增强经验性学习对新颖型商业模式设计的积极作用。综上所述，高水平的需求不确定性增强了决策逻辑、经验性学习和新颖型商业模式设计间的关系；其次，竞争强度水平越高，就越需要新创企业快速进行市场定位，以保持在行业中的竞争地位，以便可以迅速响应竞争对手的行为。此时，获得性学习可以帮助创业者迅速地识别、借鉴或吸收到更多异质性较高的新知识或新灵感，从而为其快速地构思全新的商业逻辑，重塑自身的价值创造体系，以及对市场做出快速响应提供更大的可能。因此，竞争强度将可能会加强获得性学习对新颖型商业模式设计的积极作用。综上所述，高水平的竞争强度将增强决策逻辑、获得性学习和新颖型商业模式设计间的关系。因此，本书提出如下假设：

H11：需求不确定性正向调节经验性学习在因果逻辑与新颖型商业模式设计间的中介作用，即需求不确定性水平越高，经验性学习在因果逻辑和新颖型商业模式设计间发挥的中介效应越强。

H12：竞争强度正向调节获得性学习在因果逻辑与新颖型商业模式设计间的中介作用，即竞争强度水平越高，获得性学习在因果逻辑和新颖型商业模式设计间发挥的中介效应越强。

H13：需求不确定性正向调节经验性学习在效果逻辑与新颖型商业模式设计间的中介作用，即需求不确定性水平越高，经验性学习在效果逻辑和新颖型商业模式设计间发挥的中介效应越强。

H14：竞争强度正向调节获得性学习在效果逻辑与新颖型商业模式设计间的中介作用，即竞争强度水平越高，获得性学习在效果逻辑和新颖型商业模式设计间发挥的中介效应越强。

第四节 本章小结

基于效果理论、组织学习理论和商业模式的相关文献，本章节构建了一个决策逻辑如何通过创业学习影响新颖型商业模式设计的理论模型，提出了24条假设，并详细地论述了假设推导的理由。表3-3显示了本书所提出的所有假设。

表3-3 假设的汇总表

假设	假设内容
H1a	因果逻辑与新颖型商业模式设计呈正相关关系
H1b	效果逻辑与新颖型商业模式设计呈正相关关系
H1c	效果逻辑相比较于因果逻辑,更有利于新颖型商业模式设计
H2a	需求不确定性削弱了因果逻辑对新颖型商业模式设计的促进作用
H2b	需求不确定性增强了效果逻辑对新颖型商业模式设计的促进作用
H3a	竞争强度增强了因果逻辑对新颖型商业模式设计的促进作用
H3b	竞争强度削弱了效果逻辑对新颖型商业模式设计的促进作用
H4	因果逻辑对(a)经验性学习和(b)获得性学习均有显著的促进作用
H5	效果逻辑对(a)经验性学习和(b)获得性学习均有显著的促进作用
H6a	经验性学习与新颖型商业模式设计呈正相关关系
H6b	获得性学习与新颖型商业模式设计呈正相关关系
H6c	获得性学习相较于经验性学习,更有利于新颖型商业模式设计
H7	因果逻辑通过(a)经验性学习和(b)获得性学习的中介作用影响新颖型商业模式设计
H8	效果逻辑通过(a)经验性学习和(b)获得性学习的中介作用影响新颖型商业模式设计
H9	在需求不确定性越高的环境中,经验性学习相比较于获得性学习,在促进新颖型商业模式设计方面发挥更大作用
H10	在竞争强度高的环境中,获得性学习相比较于经验性学习,在促进新颖型商业模式设计方面发挥更大作用
H11	需求不确定性正向调节经验性学习在因果逻辑与新颖型商业模式设计间的中介作用,即需求不确定性水平越高,经验性学习在因果逻辑和新颖型商业模式设计间发挥的中介效应越强
H12	竞争强度正向调节获得性学习在因果逻辑与新颖型商业模式设计间的中介作用,即竞争强度水平越高,获得性学习在因果逻辑和新颖型商业模式设计间发挥的中介效应越强
H13	需求不确定性正向调节经验性学习在效果逻辑与新颖型商业模式设计间的中介作用,即需求不确定性水平越高,经验性学习在效果逻辑和新颖型商业模式设计间发挥的中介效应越强
H14	竞争强度正向调节获得性学习在效果逻辑与新颖型商业模式设计间的中介作用,即竞争强度水平越高,获得性学习在效果逻辑和新颖型商业模式设计间发挥的中介效应越强

第四章 研究方法

为检验本书提出的假设，首先，本章节对问卷设计、调研对象、抽样过程和调研过程做了说明，描述了调研所得样本的基本特征，并做了相关的可靠性检验；其次，对变量的测度指标做了介绍；最后，对本书所用到的统计分析方法进行了介绍。

第一节 数据收集

1. 调研背景

本书是建立在国家自然科学基金项目基础上的一项子研究的内容。该自然科学基金主要致力于研究，在创业情境下，创业者如何充分发挥自身经验的作用，促进新创企业的成长和创业绩效的提高。同时，该基金还致力于探索创业学习、创业能力、环境不确定性、创业经验、商业模式的设计等在该过程中所发挥的主要作用。

本书作为该基金项目的研究内容之一，主要从认知视角探索新创企业如何通过不同的决策逻辑实现新颖型商业模式设计，重点基于效果理论、组织学习理论和商业模式的相关文献，分析因果逻辑和效果逻辑如何通过创业学习的中介作用来促进新颖型商业模式设计的实现，以及该过程中不同形式的市场环境不确定性如何发挥调节作用。而依据前人对新创企业的界定,我们选取的调研企业成立年限均在10年以下(Covin和Slevin,1990;Yli–Renko等,2001;Forbes,2005;Geroski等,2010;Gerasymenko等,2015;Kang等,2016),以更好地用于分析本书所提出的问题,更好地契合本书的情境和主题。

2. 问卷设计

问卷设计的过程大体如下:

(1)在问卷设计之初,针对本书所要探讨的具体问题,在整理和梳理现有相关理论的基础上,有针对性地查阅了创业领域高水平英文文献(SMJ、SEJ、JBV、ETP、LRP等)中涉及的本书变量的相关题项。并从中筛选出了那些被经常使用,且信度和效度都较高的成熟题项,这些变量的原始测量量表是初步设计调查问卷的基础。

(2)调查问卷的内容主要包括创业者的基本信息、创业者的认知情况、新创企业的基本信息、一般信息、创业环境、社会联系、创业学习、知识获取情况以及商业模式设计方面的情况。问卷的提问主要采用国际通用的李克特式量表法,从完全不符合到完全符合,分别赋予1~5级的打分判断。其中,"1"代表完全不符合,"2"代表很不符合,"3"代表中立,"4"代表很符合,"5"代表完全符合。此外,为了鼓励调研对象认真对待本次调研,在问卷的首页我们向调研对象做了郑重的承诺,将会对调研所得数据进行保密,数据分析旨在汇总层面上进行,最终的调研结果也将会与企业共享,争取使调研企业也能够获益。

(3)由于调查问卷中的大部分变量测量均来自于国外顶级英文期刊中的成熟测量量表,为了使这些题项能更容易被中国的创业者所理解,我们把初步调查问卷中的英文测量量表翻译为中文。为了确保翻译指标的意思表达准确、流畅,我们的翻译工作由4位兼备较好英语水平和学术水平的博士研究生(其中,有2位博士研究生的主要研究方向为创业者的认知与商业模式设计间的关系;另外2位博士研究生的主要研究方向为知识、创业学习与创业经验)来完成。在翻译初步完成之后,为了进一步确保语句表达恰当,一方面,我们将不同翻译人员所翻译的中文在师门会上与导师反复讨论和比对;另一方面,我们请西安交通大学的两位科研能力强、英语水平高的教授将讨论确定的调查问卷进一步完善和修改,以最大程度地确保翻译的准确性和简洁性。

（4）通过上述努力，本书初步确定了包含所有研究变量的调查问卷。该问卷主要分为 A 和 B 两个部分：第一部分（A 问卷）包含了，创业者个人的一般信息、创业经验、因果逻辑、效果逻辑、创业警觉性、直觉认知方式、认知偏差等方面的信息；第二部分（B 问卷）主要包含了，新创企业的一般信息、创业学习、商业模式设计、创业环境、社会联系、创业能力、创业绩效等方面的信息。

3. 调研数据的收集过程

本书的数据调研和样本收集过程主要分为三个阶段：在 2015 年 9~10 月的小样本调研；2015 年 11 月至 2016 年 5 月的大样本调研；2016 年 6~9 月的问卷整理、数据录入和初步分析。本次调研过程主要由本课题组的成员（包括，西安交通大学管理学院的部分老师、博士研究生和硕士研究生）共同参与完成。

为了消除共同方法偏差可能带来的影响，我们让不同的调研对象填写不同的调查问卷。其中，A 问卷选择参与创业过程的创业者为调研对象，以了解创业者的认知特点在创业过程中所发挥的作用，B 问卷选择新创企业的 CEO、总经理或高层管理核心人员为最终的调研对象，以确保其了解新创企业成长与发展的基本情况。

（1）小样本调研。为了更大程度地确保变量的测量符合中国的创业情境，能更好地反映中国新创企业的成长与发展现状，并在正式的大规模调研之前消除文字表达方式方面可能存在的漏洞，我们开展了小样本的调研活动。小样本调研的对象是西安交通大学管理学院的 10 位 MBA 学生所在的新创企业。在预调研过程中，调研人员深入到调研对象所在的新创企业，并与所在新创企业的创业者或中、高层管理者进行面对面的谈话和问询，主要是简单介绍预调研的目的，了解这些新创企业的基本情况，希望调研对象能够积极配合。在谈话结束之后，分别请这些调研对象当场完成调查问卷的填写，并请他们针对问卷的设计、题项表达方式、变量的测度等方面给予修改建议，以便正式调研时提高问卷的调研质量和效果。在小样本调研结束后，我们对不大符合中国创业情境下的文字表述方式进行适当的修正，以最大程度地提高问卷测量的准确性和有效性。

此外，课题组成员在小样本调研结束后，还对所获取到的数据进行了简单的分析和处理，并根据分析结果对相关题项的测量进行了内容上的调整，打乱问卷中变量出现的顺序，某一变量的不同维度尽量分布在不同的页面等。通过这样的方式，进一步降低可能存在的共同方法偏差，并提高问卷的测量效果。进一步地，还对问卷的信度和效度进行分析，尽可能保障所有题项的因子载荷和KMO值在0.7以上。通过以上努力，调查问卷的最终内容和形式得以确定。特别地，小样本调研的数据最终被排除在大样本调研数据之外。

（2）正式的大样本调研。在正式的大样本调研之前，首先，课题组老师对所有拟参与调研的人员（部分老师，博士研究生和硕士研究生）进行了集中的培训，主要向参与调研的人员详细介绍调研目的、拟解决的研究问题、问卷题项所反映的变量的基本含义、相关的基本背景知识、调研的基本步骤和沟通技巧以及调研过程中的注意事项等。培训的目的是确保调研人员能够有效、按时地完成调研任务。其次，课题组成员对调查问卷进行统一编号，同一编号下对应内容不同的A、B两份问卷。A卷（反映企业家认知）由经历了创业过程的创业者填写，B卷（反映新创企业的成长与发展）由熟悉新创企业整体运作过程的中、高层管理者填写。在一家新创企业同时对两位被访者进行面对面的调研，请他们当场填写A卷和B卷，并在问卷完成后现场进行初步审核，发现漏填及时询问补充。在调查开始前，向对方说明此次调查的目的和方式，做出保密申明，对问卷中的有关问题进行解释，并指导被调查者填写问卷。最后，对所有回收的调查问卷进行收集和整理。

（3）问卷的筛选和数据的录入。在对所有调查问卷回收之后，课题组成员对问卷进行整理和编号，对于那些来自同一新创企业的A和B两份问卷进行归类。然后，筛选出有效问卷，剔除掉那些数据填写缺失项过多，或有明显错误，或只有单份反馈的问卷。具体的剔除方法如下：空白问卷（缺失项）达到总题项1/4及以上数量的调查问卷予以剔除、"连续回答相同题项（例如5，5，5，5，5……；1，2，3，4，5……）"达到总题项1/4及以上数量的问卷予以剔除、只回收回来A卷或B卷的问卷予以剔除。在此基础上，建立Access2003数据库，并将所有数据录入电脑。为了确保录入的数据准确无误，我们主要采用分组录入的形式，每组由2位人员进行。其中，1位负责将问卷中的数据念给另一位人员，另一位人员负责录入。在此基础上，对两组录入的结果进行交叉核对，以更大程度地确保数据录入的准确性。根据上述处理，课题组成员将核对后的数据统一录入电脑形成最终的数据库。

4. 调研数据的基本特征

本次大样本调研得到陕西省工商联的协助和大力支持。样本从陕西省工商联提供的注册企业名单中随机选取，一共 500 家企业。大样本的正式调研大约历时 6 个月，截至 2016 年 5 月共回收 378 份问卷。其中，219 份由于数据明显错误、信息不完整或企业成立时间超过 10 年而被剔除，最终的有效回收问卷为 159 份，总有效回收率为 31.8%。由于本书的被调研者主要是新创企业的创业者或中、高层管理人员，Gaedeke 和 Tooltelian（1976）曾指出，对企业高层管理人员的问卷回收率通常都比较低，只要达到 20% 就是可以接受的。因此，本书的回收率还是可以接受的。表 4 – 1 显示了调研对象的基本信息。

表 4 – 1 调研对象的基本信息

调研对象的基本特征	所占百分比（%）
1. 调研对象的性别	
男	80.50
女	15.10
未填	4.40
2. 调研对象的年龄	
≤30 岁	18.20
30 ~ 40 岁	35.90
40 ~ 50 岁	27.00
50 ~ 60 岁	10.10
未填	8.80
3. 调研对象的文化程度	
高中或中专	23.90
大专	25.20
本科	30.20
研究生及以上	11.30
未填	9.40

续表

调研对象的基本特征	所占百分比（%）
4. 调研对象的最高学历专业	
工科	23.30
管理学	30.80
文史类	8.80
理学	5.00
经济学	7.50
法学	2.50
医学	1.30
未填	20.80

表4-2显示了样本企业所处的行业类别及所占百分比。

表4-2 被调查企业的行业分布及所占比例

编号	行业名称	有效问卷数量	所占百分比（%）
1	农业、林业、牧业、渔业、采掘业	9	5.66
2	制造业	55	34.59
3	批发和零售业	29	18.25
4	信息传输、软件和信息技术服务业	15	9.43
5	房地产业	6	3.77
6	租赁和商务服务业	33	20.75
7	其他	12	7.55
合计		159	100

表4-3显示了样本企业的规模、总资产、发展阶段和企业年龄的总体情况。

表4-3 被调查企业的基本特征

企业的特征	有效问卷数量	所占百分比（%）
1. 员工人数		
≤10	35	22.01
11~30	46	28.93

续表

企业的特征	有效问卷数量	所占百分比（%）
31～50	19	11.95
50～100	24	15.09
>100	26	16.35
未填	9	5.66
2. 总资产（万元）		
≤50	17	10.69
50～200	21	13.21
200～500	10	6.29
500～1000	22	13.84
1000～2000	12	7.55
2000～5000	23	14.47
5000～10000	13	8.18
>10000	11	6.92
未填	30	18.85
3. 企业发展阶段		
投入阶段	29	18.20
成长阶段	72	45.30
成熟阶段	46	28.90
衰退阶段	7	4.40
未填	5	3.10
4. 企业年龄（年）		
≤2岁	36	22.6
3～4岁	37	23.3
5～6岁	34	21.4
7～8岁	21	13.2
9～10岁	22	13.8
未填	9	5.7

5. 样本可靠性检验

一般来说，问卷的调研方法可能会出现两个问题（未回收偏差和共同方法偏差），进而对可靠性产生影响。前者通常是由于所回收的样本与原定的随机样本群体（所考察的总体）在数据的统计分布上存在差异，导致调研所回收的样本未能代表所考察的总体样本。按照以往研究，我们主要采用 t‑test 的方法来评估是否存在未回收偏差。通过对未回收样本和有效样本在企业规模、企业年龄、企业发展阶段、企业所有制类型和企业的行业类型等方面的 t‑test 发现，两个样本不存在显著性差异（所有 p 值均大于 0.1），这说明本次调研样本不存在显著的未回收偏差的问题。

共同方法偏差主要指，预测变量和自变量之间认为的共变。我们主要采用以下方法来尽量避免可能存在的共同方法偏差：首先，本次调研采用 A、B 卷的方式，将自变量置于 A 卷，因变量置于 B 卷。并且，A 卷和 B 卷分别由不同的调研对象来填写。具体来讲，因果逻辑和效果逻辑被置于 A 卷，由创业者填写；新颖型商业模式设计、市场环境不确定性和创业学习被置于 B 卷，由新创企业的高层管理者填写。从而尽可能避免所有变量出现在同一问卷，且由同一人填写而带来的共变或共同方法偏差的问题；其次，本书也采用了具体的检验方法来检验可能存在的共同方法偏差是否会对结果的可靠性带来严重威胁，具体见第 5 章第 3 节的检验（5.3 共同方法偏差）。检验结果表明，共同方法偏差并未对结果的可靠性带来严重威胁。

第二节 变量测量

一、测量指标选择的基本原则

在确定变量的测量指标时，我们主要基于以下三个方面进行操作：

首先，通过大量的文献阅读，在创业领域的顶级英文期刊（ETP、JBV、

SEJ、SMJ 等）中查找被以往学者使用过的、引用率较高且被证明是有效的测量题项（Mumford 等，1996），以尽可能地确保测量指标的有效性和可靠性；

其次，在确保测量变量的内涵和测量方法与国外量表相同的基础上，结合中国创业的实际情况，在翻译上对测量题项的表达方式以及问题的提法做了一定程度的修改和完善，以更大程度地保证符合中国人的阅读习惯、更易被中国人所理解和接受；

最后，通过小样本的预调研，结合中国实际的创业背景、根据调研对象针对调查问卷本身设计的内容、风格和文字表述方式等方面提出的建议，对调查问卷整体的结构和内容进一步调整，对文字表述方式和问题的提法做了修改和完善，以最大程度地确保调查问卷的有效性和可靠性。

以下针对本书所涉及的变量，详细地介绍测量指标和依据。

二、测量指标

如前所述，本书所采用的测量量表均来自于现有文献。除特别说明以外，问卷中各变量均采用 Likert 五点量表来测量。请调研对象根据自身实际情况选择对所描述题项的赞同程度。其中，"1"代表"完全不符合"，"2"代表"很不符合"，"3"代表"中立"，"4"代表"很符合"，"5"代表"完全符合"。具体的变量测度题项以及依据如下：

1. 新颖型商业模式设计

沿用 Zott 和 Amit（2007）开发的量表，经修改处理后保留了十个题项，主要衡量新创企业在过去三年中，采用新的内容、结构和治理方式创造价值的程度。这些指标包括：①代表了产品、服务和信息的新组合；②采用新的方式激励合作伙伴；③引入大量的、全新的、多样化的合作伙伴；④采用新的方式将各种参与者紧密联系起来；⑤采用了新的交易方式；⑥创造了新的盈利方式；⑦创造了新的盈利点；⑧引入了新的思想、方法和商品；⑨引入了新的运作流程、惯例和规范；⑩总体来说，商业模式是非常新颖的。

2. 因果逻辑和效果逻辑

采用 Chandler 等（2011）开发的量表，因果逻辑包括六个题项，主要衡量新创企业以目标为导向，强调竞争性分析、预测、计划和控制，以效益最大化为原则实现既定目标的程度。具体测量指标包括：①分析各种机会并从中选择回报率最高的；②分析各种机会并从中选择回报率最高的；③我们有清晰和一致的目标；④组织并实施控制过程，以确保目标实现；⑤提前计划生产与营销活动；⑥采用能够充分利用组织资源和能力的战略。

采用 Chandler 等（2011）开发的量表，效果逻辑包括实验、灵活性、前期承诺、可承受损失四个维度，共 12 个题项，主要衡量新创企业以手段为导向、注重获取利益相关者的前期承诺、力求把风险控制在可承受范围内、对环境变化保持灵活性以开发机会的程度。其中，试验维度由以下三个指标构成：①试验各种不同的产品和商业模式；②当前提供的产品或服务与最初设想的有很大差别；③尝试不同办法，直接找到适合的商业模式。

灵活性维度由以下四个指标构成：①当机会出现时，允许做出改变以追求新机会；②确保组织行为和企业资源相匹配；③灵活地利用随时出现的机会；④常常保持行为的灵活性和适应性。可承受损失由三个指标构成：①我们的资源投入量取决于所能承受的损失；②我们的资金投入量不会超出初步设定的损失；③为确保企业的资金安全，我们不会冒很大的资金风险。前期承诺由两个指标构成：①与顾客、供应商和其他企业达成协议以降低不确定性；②常常从顾客和供应商那里获得预先承诺。

3. 创业学习

借鉴了 Zahra 等（1999）、Lumpkin 和 Lichtenstein（2005）和 Holcomb 等（2009）的理论研究和 Chandler 和 Lyon（2009）和单标安等（2014）开发的量表，经验性学习用三个题项来测量，主要测量创业者转化自身经验获取新知识的程度。测量指标如下：①不断反思先前的失败行为很重要；②失败并不可怕，关键要从中吸取教训；③在创业的过程中不断收集有关环境内部和外部各种信息。获得性学习主要测量了创业者观察他人的行为或结果，并将这些信息通过认知加工过程形成新知识的程度。主要包括以下四个测量题项：①创业过程中，新创企业经常与行业中的专业人士进行交流；②创业过程中，新创企业非常关注同行业中的"标杆"企业行为；③创业过程中，新创企业经常参与各种正式或非正式讨论会；④创业过程中，新创企业经常阅读相关书籍，学习行业优秀案例。

4. 市场环境不确定性

借鉴 Jaworski 和 Kohli（1993）开发的量表，需求不确定性包括三个题项，主要评估市场中顾客偏好异质性和不稳定性的程度。具体测量指标包括：①客户的需求和偏好变化很快；②顾客对产品忠诚度变化很快；③行业内现有产品的更新换代的速度越来越快。竞争强度包括四个题项，主要衡量行业中竞争水平、竞争性模仿和价格战的程度。具体测量指标如下：①行业内经常有强大的竞争者进入；②新创企业所处的行业中，市场竞争状况难以预测；③新创企业所处的行业中，竞争对手之间的竞争越来越激烈；④新创企业在行业内的任何举动都会引起竞争者的快速反应。

5. 控制变量

本书选取了企业年龄、所属行业、教育程度、先前职能经验、直觉认知风格、技术能力作为主要的控制变量。

（1）企业年龄。企业成立的时间（企业年龄）会影响创业学习和新颖型商业模式设计的效果。因此，本书将其作为控制变量。同时，为了避免数量型变量分布左偏或右偏给研究带来的误差，本书主要采用企业年龄的自然对数转换值来测量企业年龄。

（2）行业类别。由于不同行业的商业模式可能有显著差异，因此，本书对调研企业所处的行业类别加以控制，主要采用虚拟变量的转换来对行业变量加以测度。

（3）教育程度。新颖型商业模式设计是以创业者为主导而开展的，创业者自身的教育程度将在很大程度上影响着创业者对机会的识别和对用户需求的把握。因此，本书也将教育程度作为控制变量，衡量了创业者的受教育水平，其中，"1"代表高中或中专，"2"代表大专，"3"代表本科，"4"代表硕士，

"5"代表博士。

（4）先前职能经验。由于创业者拥有的先前职能经验越多，越有可能识别出相似领域的机会，因此，本书将其作为控制变量，并借鉴 Mcgee 等（1995）的研究，用创业者在销售、研发和制造领域拥有经验的丰富程度来测度先前职能经验（Alpha = 0.70，AVE = 0.57）。

（5）直觉的认知风格。由于直觉的认知风格反映了创业者在决策制定时依靠直觉的程度，对新颖型商业模式设计的决策可能产生影响，因此，本书将其作为控制变量，并借鉴 Epstein 等（1996）的研究，由以下 5 个指标来对直觉的认知风格进行测度：我相信我的直觉、依靠直觉能够很好地解决问题、我喜欢依靠直觉行事、在决策中我通常较为相信自己的直觉、依靠直觉总能使我很好地解决生活中的问题（Alpha = 0.80，AVE = 0.55）。

（6）技术能力。新一代信息技术的迅猛进步对新创企业实施新颖型商业模式设计产生重要影响，企业内部的技术能力在一定程度上也可能影响着新颖型商业模式设计的成败。因此，本书将技术能力作为控制变量，并借鉴 Ruiz – Ortega 等（2013）的研究，由以下三个指标来测度技术能力：我们拥有较强的技术能力和设备、我们拥有较大的经济规模和丰富的技术经验、我们拥有高效的制造部门（Alpha = 0.82，AVE = 0.74）。

第三节　统计分析方法

本书所要探讨的主要问题是，新创企业如何通过采用不同的决策逻辑实现新颖型是商业模式设计，以及不同形式的创业学习和市场不确定性在该过程中所发挥的作用。为了验证本书提出的模型和假设，本书用到的统计分析方法如下：

首先，本书对所有涉及的变量进行信度和效度分析，以检验各个对应的测量指标在结构上是否具有有效性和一致性。

其次，对涉及的所有变量进行 Person 相关分析以对变量间可能存在的关系进行初步的探测；然后，运用 SPSS 软件，通过多元线性回归分析来进一步检验模型中所提到的变量间的关系是否与预期一致。

再次,采用两种不同的中介检验方法来检验经验性学习和获得性学习是否在决策逻辑影响新颖型商业模式设计的过程中发挥中介作用,并采用调节效应分析来检验不同形式的市场不确定性是否会影响决策逻辑和创业学习作用发挥的效果。

最后,依据 Edwards 和 Lambert (2007) 对被调节的中介效应的原理解释,以及 Hayes (2013) 推荐的 Process 插件对被调节的中介效应进行了检验。

一、信度和效度分析

衡量测量量表的质量通常采用两个指标:信度和效度。

1. 信度

信度是用以评价测量结果的一致性(Consistency)、稳定性(Stability)和可靠性(Reliability),估计测量误差对整体测验结果的影响。在测量中,通常采用测量误差的大小来估计一个测验的信度。信度可以理解为真实分数在测验得分中所占的比例。测量中的随机误差越大,则实际测量得分与真实分数间的差距越大,所得到的结果也就是不可靠的。一个具备良好信度的量表不能带有太多的随机误差。一个变量的真实分数与具体测量中的误差都是没有办法直接测量的,所以我们无法直接计算一个量表的信度系数,只能通过间接的方法对其进行估计。

常用的评价方式有三种:一是折半信度(Split - half Reliability):把用来测量的量表内容分为数目相等的两半,各自独立计分,然后再进一步计算两组得分的相关性,由此估计信度系数。这种方法多应用于教育测量机构,对以推断变量间关系的管理学研究并不适用。二是库里信度(Kuder - Richardscn Frmulas 20 and 21;KR - 20,KR - 21),这是一种针对非选择题的估计方法,在管理学研究中也不适用。三是管理学研究中最常使用的评价指标是针对 Likert 式量表开发的 Cronbach's α。它的主要思想是,通过应用多个指标对目标构念进行测量,以方差分析的方式,从测量得分中区分出由构念本身造成的共同变异量和由被试个体差异造成的变异量,以此来估计该量表的信度系数。该系数的取值在 0~1,通常认为该系数值高于 0.7 为高信度。

2. 效度

效度则是通过量表所测量的题项与研究真实想要度量的理论构念内涵的一致性，反映的是测量的真实性、有效性和正确性。通常效度检验包括两项内容：内容效度（Content Validity）和建构效度（Construct Validity）。

其中，内容效度反映量表题项，即测量内容的适当性和相符性，而建构效度是指量表能够测量理论的概念或特征的程度。对内容效度的评判并不是从数字上来测量的，而是一种主观的和判断性的方式。内容效度分析反映的是该结构变量在多大程度上提供了足够的反映所测量事物的本质和范围。本书主要采取了下面的方式：首先，本书所采用的量表均是借鉴国外理论研究和成熟的实证量表；其次，将本书的研究问题和所用的测量变量和指标向相关专家和预调研的新创企业高管进行了访谈和咨询。针对这些变量的测量是否清楚和完善，以及它们之间可能存在何种关系进行讨论和评价。在上述意见的基础上，我们对这些指标进行了完善。因此，可认为本书所采用的变量测量具有较好的内容效度。

建构效度描述的是指某个指标在多大程度上刻画了所度量的结构变量而不是其他的结构变量，主要包括收敛效度（聚合效度）和区别效度（区分效度）。前者是指在使用不同方式测量同一概念时，所得到的测量分数之间由于反映同一概念而高度相关的程度；后者是指在应用不同的方法去测量两个不同的概念时，它们之间的相关性不应该高于用不同方法测量同一概念所得到的分数。收敛效度是通过检验某个指标在所测量因子变量上的路径（loading）值在给定的可靠度（例如，95%）是否显著来判定的。一般来说，路径值大于0.7通常被认为是合适的（Fornell 和 Larker，1981）。不过也有研究者认为该条件过于苛刻，进而将0.4界定为最小的容忍限度（Ford 等，1986），即路径值大于0.4就可以被认为是合适的。区别效度可以通过每个结构变量的平均提取方差是否大于0.5来判断的，本书各变量的平均提取方差都大于0.5。

二、多元线性回归分析

在直线回归分析中，如果只探讨一个自变量（Independent Variable）对一个因变量（Dependent Variable）的影响，则称为简单直线回归分析（Simple Linear

Regression Analysis，SIRA)，简单直线回归的决定系数（R^2）等于自变量与因变量间积差相关系数的平方。回归分析中的主要目的在于描述、解释或预测。在回归分析中如果有多个自变量，则称为复回归分析或多元线性回归分析（Multiple Linear Regression Analysis，MLRA）。多元线性回归分析的自变量和因变量必须是等距变量或比率变量。如果自变量是类别变量需要将其转换为虚拟变量（Dummy Variable）或效果变量（Effect Variable）。虚拟变量是将类别变量（k个水平）转换为k-1个二分变量，二分变量的水平数值为0和1；而效果变量则是将类别变量（k个水平）转换为k-1个二分变量，二分变量的水平数值为-1和1。多元线性回归分析的目的主要在于找出不同变量间的相互关系，相互关系的程度或水平，以及回归方程的整体解释力度是否达到统计学上的显著水平。应用多元线性回归时，所分析的数据必须符合以下的基本假定：

（1）正态性。对于预测变量的各个水平在因变量上需呈正态分布，即残差正态分布（回归模型所得的样本预测值与实际值的残差值所形成的分布为正态分布）。在回归分析中，通常可借检验因变量是否为正态，借以了解残差是否为正态。

（2）因变量的各个观察值必须是独立的。

（3）各预测变量彼此之间没有多元共线性关系（Multicollinearity），即自变量彼此间的关系没有高度相关（相关系数 >0.7）。多元线性回归分析中变量间的最佳关系是解释变量与预测变量有中度或高度的相关，而自变量与自变量之间呈中度或低度相关。

（4）直线化（Linearity）：预测变量与因变量间呈线性关系（Linear Relationship)，即数据形态呈现的是任何形式的直线关系，而不应该是曲线关系或其他非直线形态（Nonlinearity），直线化的假定在回归分析中非常重要。若变量间的关系为非线性关系，必须采用曲线回归等非线性模式来处理，或将原始数据进行转换。

（5）残差独立性假设（Independence）：即不同预测变量所产生的残差间的相关为0，而误差项也需要与自变量相互独立，虽然残差项出现自我相关也可进行参数估计，但标准误差会产生系统偏差而降低统计检验力，回归模型不易达到显著。

由于本书涉及多个变量间的关系，为了更好地探究不同回归模型的解释力度，本书具体采用分层回归的方法来检验本书提出的假设。分层回归的目的或实质是要比较或对比两个或多个回归模型，根据不同回归模型所解释的变异量的差异，以及差异是否达到统计上的显著性水平，即，$\triangle R^2$ 是否显著来判别。一个回归模型如果解释了越多的变异，则意味着它对数据的拟合程度就越高。举例来说，如果某一个变量后的回归方程比之前的回归方程解释了更多的变异（R^2 变大），并 R^2 的变化（$\triangle R^2$）达到了统计上的显著性水平，则充分说明后一个回归方程对数据的拟合程度更好。分层回归的分析方法可以帮助我们持续地观察每增加一个新的预测变量所解释的额外变异量，有助于从直观上进一步分析新加入的变量对因变量的贡献和解释程度。具体的操作可以通过 SPSS 软件来快捷地实现。

三、中介效应的检验

中介效应的实质在于探索自变量影响因变量的内部作用机制或过程。例如，自变量 X 通过影响 M 进而影响到因变量 Y，则说明 M 为中介变量。检验中介作用最常用的传统方法是 Baron 和 Kenny（1986）提出的方法，如图 4-1 所示：

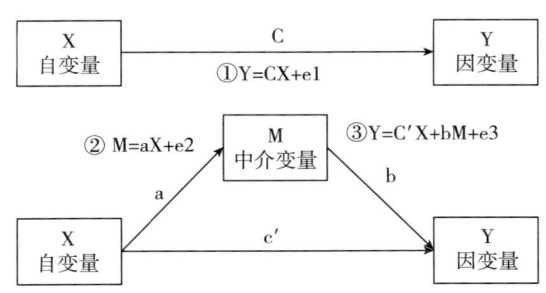

图 4-1 中介效应的检验步骤

第一步，自变量 X 与因变量 Y 相关关系的测量，如果 X 与 Y 的相关系数是显著的，则进行第二步。

第二步，自变量 X 与中介变量 M 相关关系的测量，要求 X 与 M 的相关系数也必须是显著的，如果符合要求，则进行第三步。

第三步，在自变量 X 与因变量 Y 的回归方程中加入中介变量 M，测量自变量 X 与中介变量 M 与因变量 Y 的相关关系。要求自变量 X 与因变量 Y 的相关系数值小于步骤一中的系数值，如果符合要求，则中介作用成立。同时若自变量 X 与因变量 Y 的相关系数不显著则表示完全中介，若 X 与 Y 的相关系数仍然显著，则为部分中介。

四、调节效应的检验

调节变量所解释的不是变量间关系的内部作用机制，而是一个关系在不同的条件下是否会有所改变。其主要作用是为现有的理论划出限制条件或适用范围。在研究调节变量时，正是通过研究一组关系在不同条件下的变化，来分析可能的原因以丰富原有的理论。因此，调节变量能帮助我们扩展或丰富现有理论的边界条件，使理论对变量间关系的解释更为深入和细致。简单地说，如果自变量 X 影响因变量 Y，并且其影响的程度或（和）方向受到第三个变量 W 的影响，则说明，变量 W 就是调节变量，调节变量所起到的作用称为调节作用。检验调节作用主要有以下五个步骤：

第一步，如果自变量或调节变量中有类别变量，则需要将类别变量转化为虚拟变量，所需要的虚拟变量的数目等于类别变量的总个数减 1。例如，对 6 个行业类别这一变量进行转换时，就产生了 5 个虚拟变量，每个虚拟变量的取值为 0 或 1。

第二步，由于调节作用的检验涉及自变量与调节变量之间的交互作用，为了避免多重共线性（Multicollinearity），需要对数据进行如下操作。首先，需要将自变量和调节变量进行标准化或中心化处理。如果是中心化，需求出自变量和调节变量的均值；其次，用自变量和调节变量分别减去均值，得到各自的中心化后的变量。当然，也可以对连续变量型的自变量和调节变量进行标准化，其作用基本相似。

第三步，构造乘积项。在构造乘积项时，用中心化或标准化后的自变量与调节变量相乘即可得到。如果使用了虚拟变量，那么每个虚拟变量都应该有一个相应的乘积变量。

第四步，构造方程。运用 SPSS 等软件，将自变量、调节变量和交互项

（乘积项）依次或分别放入到回归方程中即可检验是否存在调节作用。如果自变量的系数显著，加入调节变量和交互项以后的系数依旧显著，则说明调节效应存在。

第五步，调节作用的分析和解释。第一种方法，当发现调节效应存在后，就要深入分析其作用的发挥到底是改变了自变量对因变量的作用程度还是作用方向。这时，如果自变量和调节变量都是定类变量，可以在不同的组中分别计算因变量的均值，然后用得到的值来作图，直观地表示出调节作用的模式。第二种方法，在按调节变量所分的不同组中，检验自变量对因变量回归的斜率。当调节变量是连续变量时，划分样本有两种方法。第一种方法是首先找到调节变量的中位数，其次通过低于中位数和高于中位数的两组分别回归，来观察自变量和因变量关系的不同作用模式；第二种方法是首先找到调节变量的平均值，其次用平均值分别加上和减去一个标准差将其分为两组，在两组中分别做回归。需要注意的是，这里分组的目的仅仅是为了直观地表示调节变量是如何作用的，而不是"检验"调节作用是否存在，通过分组画图可以清楚地比较调节变量在不同的水平上，自变量和因变量关系的大致趋势有何不同。

五、被调节的中介效应检验

当由中介变量（Mediator）连接自变量（Independent Variable）和因变量（Dependent Variable）之间关系的中介过程受到调节变量（Moderator）的影响时，便存在有被调节的中介效应（Moderated Mediation）（Baron 和 Kenny，1986；Edwards 和 Lambert，2007；Hayes，2013）。而证明中介作用的存在会随着调节变量的变化而变化是检验被调节的中介效应的关键（Preacher 等，2007）。

被调节的中介效应一共包括三种类型：第一阶段被调节的中介效应、第二阶段被调节的中介效应和两阶段被调节的中介效应。其中，第一阶段被调节的中介效应是指调节变量对中介过程的影响是源自于调节变量增强或削弱了自变量和中介变量间的关系；第二阶段被调节的中介效应是指中介过程受到的调节作用是源自于调节变量增强或削弱了中介变量对因变量的影响；两阶段的被调节的中介效应是指调节变量增强或者削弱了自变量和中介变量间的关系，同时也增强或削弱了中介变量和因变量间的关系。本书主要涉及第二阶段被调节的中介效应，如图 4-2 所示。自变量 X（决策逻辑）通过中介变量 M（创业学习）对因变量 Y（新颖型商业模式设计）的间接作用受到调节变量 W（市场不确定性）的影响。

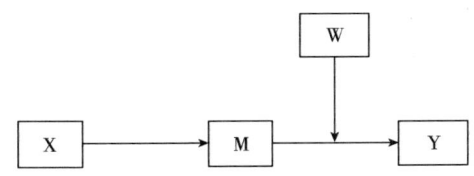

图 4-2　第二阶段的被调节的中介效应

被调节的中介作用主要探讨的是，当调节变量处于高水平（均值 +1 个标准差）和低水平（均值 -1 个标准差）时，自变量通过中介变量影响因变量的间接效应是否存在显著性差异。被调节的中介效应的假设推导应遵循以下三个步骤：第一，分析为什么自变量通过中介变量影响着因变量（Why M mediates X – Y Relationship）；第二，分析为什么中介变量和因变量间的关系会受到调节变量的影响（Why M – Y Relationship Changes Depending on the level of W）；第三，分析为什么调节变量会增强或削弱中介变量所发挥的作用（Why X – M – Y Relationship is Strong or Weaker as W Changes）。

按照 Hayes（2013）推荐的方法，被调节的中介效应通常采用 Process 插件进行 Bootstrapping 检验。按照均值减 1 个标准差、均值、均值加 1 个标准差区分调节变量的低、中、高三种水平，并进一步分析在不同的调节变量取值水平下中介作用的差异。如果差异在 95% 的置信区间（$p < 0.05$）中不包括 0，则认为被调节的中介效应显著；如果差异在 95% 的置信区间中包括 0，则认为被调节的中介效应不显著（Edwards 和 Lambert，2007）。值得注意的是，在运用 Bootstrapping 方法时，中介变量必须是连续变量，Process 插件可以通过对 76 个模型的具体选择来实现对不同模型的检验。运用 Bootstrapping 程序进行检验时，通常采用偏差校正的非参数百分位法；样本量（Bootstrap Samples）代表随机抽样的次数，通常选择 5000；置信区间通常选择 95%（$p < 0.05$），代表了置信度。

第四节 本章小结

这一章，首先，本书对调研的背景、问卷的设计、数据收集的过程、调研数据的基本特征、样本的可靠性检验进行了说明；其次，对变量测量指标的原则、测量题项和依据做了说明；最后，对本书所使用的统计分析方法做了详细的阐述，包括信度和效度分析、多元线性回归分析、中介效应检验、调节效应检验以及被调节的中介效应检验。

第五章 实证分析与结果

首先，本章节对所有变量的相关关系进行了初步的分析；其次，对测量变量的信度和效度进行了检验，并作了共同方法偏差和内生性检验；最后，采用多元线性回归分析等方法对本书的理论模型和假设进行了检验。

第一节 相关分析

本章相关分析的实质是初步探索不同变量之间的相互影响程度和方向。需要注意的是相关分析并不考虑自变量、因变量、控制变量、调节变量和中介变量的地位，它所反映的是不同变量间所有可能存在的相互作用，而非因果关系。相关分析最大的作用是初步判断理论模型和假设是否恰当，是否存在多重共线性的威胁。

两个变量之间的相关程度通过相关系数 r 来表示。相关系数 r 的值在 $-1\sim1$，可以是此范围内的任何值。当两个变量间是正相关的关系时，r 值在 $0\sim1$，散点图是斜向上的，这时一个变量增加，另一个变量也随着增加；当两个变量间是负相关的关系时，r 值在 $-1\sim0$，散点图是斜向下的，此时一个变量增加，另一个变量将随之减少。r 的绝对值越接近 1，两变量的关联程度越强，r 的绝对值越接近 0，两变量的关联程度越弱。当 $r=0$ 时，说明两个变量间不相关。

本书借助 SPSS 软件把所有变量做了相关分析，见表 5-1。在相关系数表中，

表 5 – 1 描述性统计分析表

	1	2	3	4	5	6	7	8	9	10	11	12	13	14	15
1. 企业年龄 (Ln)	N/A	0.160*	-0.329**	-0.111	-0.298**	0.109	0.020	0.171*	-0.171	0.001	-0.113	0.090	-0.047	0.053	0.021
2. 农、林、牧、渔业	0.172*	N/A	-0.094	-0.085	-0.186**	0.043	-0.027	0.010	-0.115	-0.021	-0.126	-0.104	-0.032	-0.093	-0.007
3. 信息技术服务业	-0.310**	-0.079	N/A	-0.108	0.261*	0.114	-0.093	-0.071	0.149*	0.084	0.043	0.018	0.106	-0.058	0.043
4. 租赁和商务服务业	-0.095	-0.070	-0.092	N/A	0.132	-0.099	-0.093	-0.132	0.009	0.065	0.032	0.006	-0.076	-0.124	-0.016
5. 教育程度	-0.280**	-0.169*	0.271*	0.144	N/A	-0.097	0.027	-0.062	0.242*	0.044	0.166*	0.081	0.040	-0.026	-0.002
6. 先前职能经验	0.121	0.056	0.126	-0.084	-0.082	0.856	0.205*	0.169*	0.061	0.130	-0.077	-0.004	0.060	0.051	0.003
7. 直觉认识方式	0.034	-0.013	-0.078	-0.078	0.041	0.216*	0.743	-0.069	0.105	0.149*	-0.053	0.020	0.017	0.104	0.024
8. 技术能力	0.183*	0.024	-0.056	-0.116	-0.047	0.181*	-0.054	0.852	0.173*	0.230**	0.234**	0.345**	0.263**	0.301**	0.370**
9. 因果逻辑	-0.155	-0.099	0.161*	0.023	0.253*	0.074	0.118	0.185*	0.720	0.474**	0.445**	0.421**	0.331**	0.296**	0.386**
10. 效果逻辑	0.015	-0.007	0.097	0.078	0.057	0.142	0.161*	0.241**	0.481**	0.708	0.333**	0.389**	0.328**	0.277**	0.395**
11. 经验性学习	-0.097	-0.110	0.056	0.046	0.178*	-0.062	-0.038	0.245**	0.453**	0.342**	0.792	0.570	0.446**	0.380**	0.458**
12. 获得性学习	0.103	-0.089	0.032	0.020	0.094	0.010	0.034	0.354**	0.429**	0.398**	0.576**	0.807	0.408**	0.451**	0.581**
13. 需求不确定	-0.032	-0.018	0.119	-0.061	0.053	0.073	0.031	0.273**	0.340**	0.337**	0.454**	0.416**	0.830	0.553**	0.306**
14. 竞争强度	0.066	-0.078	-0.043	-0.108	-0.012	0.064	0.117	0.311**	0.306**	0.287**	0.389**	0.459**	0.559**	0.748	0.350**
15. 新颖型商业模式设计	0.035	0.007	0.056	-0.002	0.012	0.017	0.038	0.379**	0.395**	0.403**	0.466**	0.587**	0.316**	0.356**	0.731
16. 少数原理 (MV)	0.144	0.029	-0.051	-0.020	0.014	0.184**	0.367**	0.066	-0.055	0.058	0.103	0.074	0.112	0.152	0.035
均值	1.435	0.057	0.094	0.076	2.319	2.889	3.086	3.500	4.015	3.638	4.036	4.091	3.478	3.695	3.792
标准差	0.642	0.232	0.293	0.265	1.001	0.997	0.803	0.961	0.688	0.508	0.822	0.772	0.939	0.793	0.697

注：$N=159$；* $p<0.05$；** $p<0.01$；*** $p<0.001$；双尾检验；N/A 表示不适合分析；斜对角线上的加粗值为 AVE 的开方值；下三角为零阶相关系数；上三角为 MV 变量调整后的相关系数。

所有不同变量间的相关系数均低于 0.7。并且，因果逻辑、效果逻辑、经验性学习和获得性学习分别与新颖型商业模式设计之间存在显著的正相关关系。不同变量间的相关系数均低于 0.7 这一普遍认同的临界值。初步说明，本书提出的理论模型在数据检验方面存在多重共线性的威胁或可能性较小。

需要说明的是，表 5-1 中下三角的相关系数是最初的变量间的零阶相关系数，N/A 表示不适合作相关分析。上三角的相关系数是为检验共同方法偏差，根据 MV 变量所做的调整后的相关系数。如果原来显著的相关系数在调整后没有变得不显著，则说明，共同方法偏差并未对结果的可靠性带来严重威胁。相关系数表中斜对角上的加粗值为 AVE 的开方值，用于效度检验。以下部分将分别加以说明。

第二节 信度和效度分析

首先，我们采用探索性因子分析开展了主成分分析，按照理论预期提取了七个因子，分别为：因果逻辑、效果逻辑、经验性学习、获得性学习、新颖型商业模式设计、需求不确定性和竞争强度；其次，采用验证性因子分析检验了模型与数据之间的拟合程度：Chi square/df = 1.38，IFI = 0.920，TLI = 0.906，CFI = 0.918，RMSEA = 0.049。上述结果说明，模型的拟合程度较好。以下分别进行了信度和效度的检验。

1. 信度检验

信度是指变量构成的可靠性或变量测量指标的内部一致性。通常通过 Cronbach's alpha 进行估计和验证（Nunnally，1978）。通常认为，信度系数超过 0.7 表明内部一致性程度较高，是合适进一步分析的（Nunnally，1978）。由表 5-2 和表 5-3 可知，本书绝大部分变量的 Cronbach's alpha 值均超过 0.7 的一般标准。虽然新变量（效果逻辑）的两个子维度，前期承诺和可承受损失的测量指标仅有 2~3 个，测量信度比其他变量略低，但也满足了当前研究对于新变量子维度的信度的最低要求（Nunnally，1978）。同时，效果逻辑整体的信度系数超过了0.7。因此，本书认为，所有变量的Cronbach's α 值符合要求。另外，除了Cronbach's α 检验潜变量的信度之外，也可以采用组合信度（Composite Reliability，CR）的方法进行信度检验，表5-2和表5-3显示，本书所有潜变量的组合信度都远超过0.7的最低限度。上述结果表明，本书所有变量均呈现较好的内部一致性，信度检验符合要求。

表5-2 测量题项与信度、效度检验

变量	题项	因子载荷
1. 新颖型商业模式设计 Cronbach's α = 0.902 CR = 0.920 AVE = 0.534	（1）代表了产品、服务和信息的新组合	0.642
	（2）采用新的方式来激励合作伙伴	0.685
	（3）引入大量的、全新的、多样化的合作伙伴	0.702
	（4）采用新的方式将各种参与者紧密联系起来	0.788
	（5）采用了新的交易方式	0.737
	（6）创造了新的盈利方式	0.723
	（7）创造了新的盈利点	0.761
	（8）引入了新的思想、方法和商品	0.752
	（9）引入了新的运作流程、惯例和规范	0.769
	（10）总体来说，是非常新颖的	0.750
2. 因果逻辑 Cronbach's α = 0.811 CR = 0.865 AVE = 0.519	（1）分析各种机会并从中选择回报率最高的	0.642
	（2）分析目标市场的竞争状况并做出选择	0.801
	（3）我们有清晰和一致的目标	0.744
	（4）组织并实施控制过程，以确保目标实现	0.781
	（5）提前计划生产与营销活动	0.692
	（6）采用能够充分利用组织资源和能力的战略	0.645
3. 效果逻辑 Cronbach's α = 0.725 CR = 0.780 AVE = 0.501	（1）试验维度	0.681
	（2）灵活性维度	0.783
	（3）前期承诺	0.678
	（4）可承受损失	0.682

续表

变量	题项	因子载荷
4. 经验性学习 Cronbach's α = 0.702 CR = 0.835 AVE = 0.628	（1）不断反思先前的失败行为很重要 （2）失败并不可怕，关键要从中吸取教训 （3）创业过程中持续收集有关环境内外部信息	0.716 0.804 0.852
5. 获得性学习 Cronbach's α = 0.818 CR = 0.882 AVE = 0.652	（1）经常与行业中的专业人士进行交流 （2）非常关注同行业中的"标杆"企业行为 （3）经常参与各种正式或非正式讨论会 （4）经常阅读相关书籍，学习行业优秀案例	0.846 0.779 0.750 0.849
6. 需求不确定性 Cronbach's α = 0.774 CR = 0.869 AVE = 0.689	（1）客户的需求和偏好变化很快 （2）顾客对产品忠诚度变化很快 （3）行业内现有产品更新换代的速度越来越快	0.845 0.827 0.818
7. 竞争强度 Cronbach's α = 0.734 CR = 0.835 AVE = 0.559	（1）行业内经常有强大的竞争者进入 （2）新创企业面临的市场竞争状况难以预测 （3）创业环境中，竞争对手之间的竞争越来越激烈 （4）新创企业采取的任何举动都会使竞争者快速反应	0.685 0.718 0.818 0.764

表 5-3　效果逻辑的测量项与信度、效度检验

变量	题项	因子载荷
1. 试验维度 Cronbach's α = 0.702 CR = 0.817 AVE = 0.601	（1）试验各种不同的产品和商业模式 （2）当前提供的产品或服务与最初设想的有很大差别 （3）尝试不同办法，直接找到适合的商业模式	0.805 0.646 0.859
2. 灵活性维度 Cronbach's α = 0.762 CR = 0.850 AVE = 0.589	（1）当机会出现时，允许做出改变以追求新机会 （2）确保组织行为和企业资源相匹配 （3）灵活地利用随时出现的机会 （4）常常保持行为的灵活性和适应性	0.659 0.789 0.845 0.764
3. 可承受损失 Cronbach's α = 0.524 CR = 0.761 AVE = 0.517	（1）我们的资源投入量取决于所能承受的损失 （2）我们的资金投入量不会超出初步设定的损失 （3）为确保企业的资金安全，我不会冒很大的资金风险	0.685 0.816 0.646

续表

变量	题项	因子载荷
4. 前期承诺 Cronbach's α = 0.571 CR = 0.824 AVE = 0.701	（1）与顾客、供应商和其他企业达成协议以降低不确定	0.837
	（2）常常从顾客和供应商那里获得预先承诺	0.837

2. 效度检验

效度检验分为内容效度和建构效度。

（1）内容效度。对内容效度的评判并不是从数字上来测量的，而是一种主观的和判断性的方式，主要反映了该结构变量在多大程度上提供了足够的反映所测量事物的本质和范围。本书主要采取了下面的方式：首先，本书所采用的量表均是借鉴国外理论研究和成熟的实证量表；其次，将本书的研究问题和所用的测量变量和指标向相关专家和预调研的新创企业高管进行了访谈和咨询。针对这些变量的测量是否清楚和完善，以及它们之间可能存在何种关系进行讨论和评价。在上述意见的基础上，我们对这些指标进行了完善。因此，可认为本书所采用的变量测量具有较好的内容效度。

（2）建构效度。主要测度潜变量的收敛效度和区别效度。收敛效度是通过检验某个指标在所测量因子变量上的路径（loading）值在给定的可靠度（如，95%）是否显著来判定的。一般来说，路径值大于0.6通常被认为是合适的（Fornell 和 Larker，1981）。本书所有指标在所测量因子变量上的路径（loading）值均大于0.6，且绝大部分都超过了0.7的水平，这充分说明，测量题项和变量间达到了统计上的显著性，反映了变量测量题项的可信性或信度较高。区别效度反映了不同结构变量的测量具有独特性。区别效度可以通过每个结构变量的平均提取方差（Average Variance Extracted，AVE）是否大于0.5来判断的，从表5-2和5-3可知，所有变量的平均提取方差（AVE）均大于0.5。上述结果表明本书所有变量的区别效度也符合要求。

第三节 共同方法偏差

共同方法偏差的实质是自变量与因变量之间可能存在的共同变异,通常可能是由下原因引起的:数据来源相同、来自同一位评分者、测量的环境不变或题项本身的特点。这种人为的共同变异可能对研究结果带来偏差,对结论带来误导,这是一种系统的误差,需要通过事前预防和事后检验的方法来尽量降低其可能带来的威胁。为了降低共同方法偏差对研究结果可能带来的威胁,本书采用 Podsakoff 等(2003)的建议,通过事前预防和事后检验两种方法来控制。

首先,为了控制前后关系的影响(Contextual Influences),在调查问卷设计时,所有变量并未同时出现在问卷中同一页面;其次,在调研过程中,每个企业选取两位被访者分别填写不同变量的题项。其中一位填写有关因果逻辑和效果逻辑的变量,另一位填写有关市场不确定性、创业学习和新颖型商业模式设计的相关题项;最后,本书采用 Lindell 和 Whitney(2001)提出的方法,寻找一个 MV(Maker Variable, MV)变量对共同方法偏差进行了检验。该变量在理论上应至少与本模型的其中一个中心变量不相关,本书选取少数原理(Law of Small Numbers)这一典型的认知偏差作为 MV 变量(AVE = 0.501, CR = 0.749),通过选取该变量与其他变量最小的正的相关系数(r = 0.014)来调整各个变量间的相关系数。如表 5-1 中上三角所示,原来显著的相关系数在调整后没有变得不显著。因此,共同方法偏差并未对结果的可靠性带来严重威胁。

第四节 回归分析及结果

本书的回归分析结果主要借助 SPSS 22.0 来实现。首先,在本书的概念模型中,因果逻辑和效果逻辑有可能成为内生性变量。因为需求不确定性和竞争强度作为市场不确定性的典型代表,有可能会直接影响创业者对因果逻辑或效果逻辑的选择(Sarasvathy,2001);其次,经验性学习和获得性学习也有可能受到市场不确定性的影响而成为内生性变量。因此,本书采用 Hamilton 和 Nickerson (2003) 推荐的三阶段最小二乘法来消除可能存在的内生性。

在第一阶段,首先,如公式(5-1)和公式(5-2)所示,我们分别做出因果逻辑和效果逻辑关于需求不确定性和竞争强度的回归方程,以获取因果逻辑和效果逻辑的预测值和残差;其次,如公式(5-3)和公式(5-4)所示,我们分别做出经验性学习和获得性学习关于需求不确定性和竞争强度的回归方程,以获取经验性学习和获得性学习的预测值和残差。回归结果(见表5-4)表明,因果逻辑与需求不确定性显著正相关($\beta = 0.243$,$p < 0.01$),效果逻辑与需求不确定性显著正相关($\beta = 0.266$,$p < 0.01$);经验性学习分别与需求不确定性和竞争强度显著正相关($\beta = 0.345$,$p < 0.001$;$\beta = 0.166$,$p < 0.1$),获得性学习分别与需求不确定性和竞争强度显著正相关($\beta = 0.202$,$p < 0.05$;$\beta = 0.326$,$p < 0.01$)。回归结果进一步证实,需要采用 Hamilton 和 Nickerson (2003) 推荐的三阶段最小二乘法来消除可能存在的内生性。

$$因果逻辑 = b_0 + b_1(需求不确定性) + b_1(竞争强度) + e$$
$$因果逻辑_{残差} = 因果逻辑 - 因果逻辑_{预测值} \quad (5-1)$$
$$效果逻辑 = b_0 + b_1(需求不确定性) + b_1(竞争强度) + e$$
$$效果逻辑_{残差} = 效果逻辑 - 效果逻辑_{预测值} \quad (5-2)$$
$$经验性学习 = b_0 + b_1(需求不确定性) + b_1(竞争强度) + e$$
$$经验性学习_{残差} = 经验性学习 - 经验性学习_{预测值} \quad (5-3)$$
$$获得性学习 = b_0 + b_1(需求不确定性) + b_1(竞争强度) + e$$
$$获得性学习_{残差} = 获得性学习 - 获得性学习_{预测值} \quad (5-4)$$

表5-4 第一阶段回归分析的标准化估计

	因果逻辑	效果逻辑	经验性学习	获得性学习
需求不确定性	0.243**	0.266**	0.345***	0.202*
竞争强度	0.143	0.113	0.166+	0.326**
调整 R^2	0.113	0.112	0.212	0.224

续表

	因果逻辑	效果逻辑	经验性学习	获得性学习
最大 VIF	1.77	1.77	1.79	1.79
F 值	10.997***	10.634***	22.002***	23.524***

注：+p<0.1；*p<0.05；**p<0.01；***p<0.001；N=159（双尾检验）。

在第二阶段，采用因果逻辑、效果逻辑、经验性学习和获得性学习的残差分别作为它们的代理变量。

在第三阶段，增加交互项来检验调节效应，为了避免多重共线性，采用代理变量与均值中心化后的调节变量作为交互项带入回归方程中以进一步验证调节效应是否存在。通过评估每个方程的 VIF 值来检验是否存在多重共线性，由于最大的 VIF 值为 2.03，远远低于临界值 10，因此，模型受到多重共线性的威胁几乎不存在。表 5-5 显示了回归分析的结果。

1. 决策逻辑对新颖型商业模式设计影响的检验

表 5-5 中的模型 7 用于检验，因果逻辑和效果逻辑对新颖型商业模式设计的直接作用。模型 5 是新颖型商业模式设计单独与因果逻辑的回归，模型 6 是新颖型商业模式设计单独与效果逻辑的回归。模型 7 是同时放入因果逻辑和效果逻辑后的回归。结果显示，模型 7 的 F 值为 5.646（p<0.001），模型 7 相比模型 5 和模型 6 的 R^2 显著增加，这说明，因果逻辑和效果逻辑对新颖型商业模式设计有很强的解释作用。由因果逻辑和效果逻辑分别与新颖型商业模式设计之间的回归系数可知，因果逻辑对新颖型商业模式设计有显著促进作用（$\beta=0.178$，$p<0.05$），因此假设 1a 得到支持，效果逻辑对新颖型商业模式设计有显著促进作用（$\beta=0.279$，$p<0.01$）。因此，假设 1b 得到支持。

为了进一步检验因果逻辑和效果逻辑对新颖型商业模式设计的相对影响力，本书借鉴 Liu 等（2009）推荐的方法，主要分两个步骤进行：

第一步，计算模型的 $\triangle R^2$，根据回归分析结果表 5-5 计算可知：

$$\triangle R^2_{\text{Model 7-Model 5}} = R^2_{\text{Model 7}} - R^2_{\text{Model 5}} = 0.309 - 0.247 = 0.062$$

$$\triangle R^2_{\text{Model 7-Model 6}} = R^2_{\text{Model 7}} - R^2_{\text{Model 6}} = 0.309 - 0.284 = 0.025$$

表5-5 回归分析结果

	经验性学习		获得性学习					新颖型商业模式设计						
	Model 1	Model 2	Model 3	Model 4	Model 5	Model 6	Model 7	Model 8	Model 9	Model 10	Model 11	Model 12	Model 13	Model 14
企业年龄(ln)	-0.073	-0.101	0.112	0.086	0.027	-0.006	0.017	-0.005	-0.021	0.039	0.033	-0.053	-0.023	-0.027
农、林、牧、渔业	-0.086	-0.092	-0.102	-0.108	0.032	0.025	0.029	0.089	0.083	0.013	0.064	0.083	0.091	0.102
信息技术服务业	-0.033	-0.058	0.036	0.006	0.063	0.038	0.029	0.055	0.046	0.083	0.094	0.059	0.067	0.083
租赁和商务服务业	0.057	0.032	0.084	0.057	0.037	0.011	0.011	-0.008	-0.017	0.030	0.019	-0.003	-0.007	-0.003
先前职能经验	-0.086	-0.092	-0.084	-0.090	-0.102	-0.108	-0.107	-0.052	-0.057	-0.118	-0.067	-0.058	-0.048	-0.045
直觉认知风格	-0.026	-0.053	0.051	0.019	0.026	-0.001	-0.012	0.011	0.002	-0.104	0.058	0.018	0.025	0.014
技术能力	0.261**	0.201*	0.349***	0.282**	0.416***	0.353***	0.353***	0.227**	0.208**	0.312***	0.323***	0.245**	0.224**	0.240**
教育程度	0.117	0.154*	0.045	0.081	-0.055	-0.101	-0.041	-0.095	-0.069	-0.048	-0.073	0.018	-0.076	-0.045
因果逻辑	0.225**		0.216*		0.267**		0.178*	0.138*	0.153**	0.163**				
效果逻辑		0.310***		0.332***		0.336***	0.279**	0.187*	0.179*	0.249**			0.209*	0.171*
经验性学习								0.402***			0.410***	0.526***	0.423***	0.427***
获得性学习									0.384***					
需求不确定										0.013				-0.034
竞争强度										0.189*				0.058
因果逻辑×需求不确定										-0.215*				
效果逻辑×需求不确定										0.192*				
因果逻辑×竞争强度										0.224**				
效果逻辑×竞争强度										-0.250*				
经验性学习×需求不确定														0.020
获得性学习×需求不确定														-0.137
经验性学习×竞争强度														-0.197*
获得性学习×竞争强度														0.242*
R^2	0.173	0.214	0.202	0.259	0.247	0.284	0.309	0.461	0.463	0.375	0.330	0.416	0.472	0.474
调整R^2	0.115	0.158	0.146	0.207	0.194	0.233	0.255	0.413	0.415	0.298	0.282	0.374	0.404	0.404
F Value	2.960**	3.835***	3.581***	4.934***	4.633***	5.591***	5.646***	9.715***	9.788***	4.849***	6.943***	9.047***	6.752***	6.752***

注：+ $p<0.1$；* $p<0.05$；** $p<0.01$；*** $p<0.001$；N=159（双尾检验）。

其中 $\triangle R^2_{\text{Model 7-Model 5}}$ 表明,在因果逻辑的基础上增加效果逻辑以后,模型7对新颖型商业模式设计的解释程度的变化,由结果可知,0.062 代表效果逻辑对新颖型商业模式设计变化的解释比例。而 $\triangle R^2_{\text{Model 7-Model 6}}$ 则表明,因果逻辑对新颖型商业模式设计变化的解释比例。由于 $R^2_{\text{Model 7-Model 5}}$(0.062)大于 $\triangle R^2_{\text{Model 7-Model 6}}$(0.025),说明在促进新颖型商业模式设计方面,效果逻辑更加有效。

第二步,比较半偏相关系数(Semipartial Correlation)。

如表5-6所示,半偏相关系数是指在控制其他变量影响的条件之下,自变量对因变量的贡献,即因果逻辑和效果逻辑单独对新颖型商业模式设计的贡献。由计算结果可知,因果逻辑单独对新颖型商业模式设计的贡献值为0.0357,效果逻辑单独对新颖型商业模式设计的贡献值为0.0829。由以上结果可知,效果逻辑相比较于因果逻辑,更有利于新颖型商业模式设计。因此,H1c得到支持。

表5-6 半偏相关系数表

	新颖型商业模式设计	
	Part correlation	Square of part correlation
因果逻辑	0.189	0.0357
效果逻辑	0.288	0.0829
企业年龄(ln)	0.018	0.0003
农、林、牧、渔业	0.034	0.0012
信息技术服务业	0.031	0.0010
租赁和商务服务业	0.013	0.0002
先前职能经验	-0.118	0.0139
直觉认知风格	-0.013	0.0002
技术能力	0.367	0.1347
教育程度	-0.044	0.0019

2. 市场不确定性对决策逻辑与新颖型商业模式设计间关系的调节作用

表5-5中的模型10用于检验,市场不确定性分别对因果逻辑和新颖型商业模式设计间关系的调节作用,以及对效果逻辑与新颖型商业模式设计间关系的调节作用。模型7是新颖型商业模式设计对决策逻辑和控制变量的回归,模型10

是加入调节变量(需求不确定性和竞争强度)和交互项后的回归。结果显示,模型10的F值为4.849(p<0.001),模型10相比模型7的R^2显著增加。这说明,当加入调节变量以后,模型的整体解释力度加强了。模型10的回归结果显示,因果逻辑与需求不确定性的交互项对新颖型商业模式设计有显著负向影响($\beta = -0.215$,$p<0.05$),这说明,当需求不确定性削弱了因果逻辑对新颖型商业模式设计的促进作用,因此,H2a得到了验证;效果逻辑与需求不确定性的交互项对新颖型商业模式设计有显著正向影响($\beta = 0.192$,$p<0.05$)。这说明,需求不确定性增强了效果逻辑对新颖型商业模式设计的促进作用,因此,H2b得到了验证;因果逻辑与竞争强度的交互项系数对新颖型商业模式设计有显著正向影响($\beta = 0.224$,$p<0.05$),说明H3a得到支持;效果逻辑与竞争强度的交互项系数对新颖型商业模式设计有显著负向影响($\beta = -0.250$,$p<0.05$),说明竞争强度削弱了效果逻辑对新颖型商业模式设计的促进作用,因此,H3b得到了支持。

为了更好地阐释市场不确定性的调节作用的效果,本书根据未标准化的回归系数进一步绘制了在需求不确定性和竞争强度高、中、低三种不同水平下,因果逻辑与新颖型商业模式设计之间的关系,以及效果逻辑与新颖型商业模式设计间的关系(分别见图5-1~图5-4)。

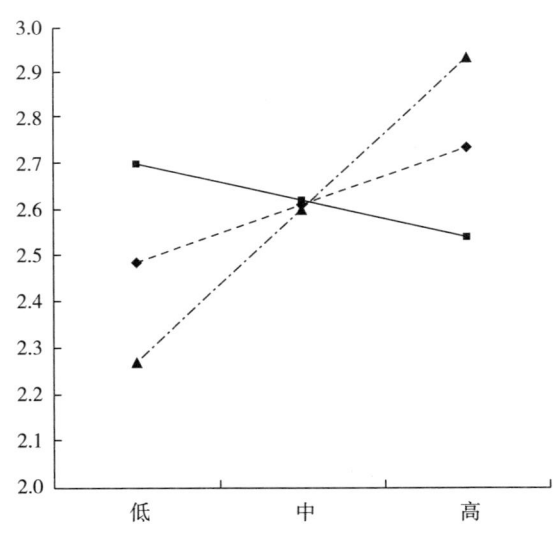

图5-1 需求不确定性对因果逻辑和新颖型商业模式设计间关系的调节作用

图 5-1 进一步显示了需求不确定性对因果逻辑和新颖型商业模式设计之间关系的调节作用。由图 5-2 可知,当需求不确定性水平由低变高时,因果逻辑与新颖型商业模式设计之间关系的斜率由正变负。在需求不确定性较低水平下,因果逻辑与新颖型商业模式设计之间呈正相关;而在需求不确定性水平较高时,因果逻辑与新颖型商业模式设计之间呈负相关。这说明,不同水平的需求不确定性会显著地调节因果逻辑与新颖型商业模式设计之间的关系,更具体地,需求不确定性会削弱因果逻辑对新颖型商业模式设计的促进作用。

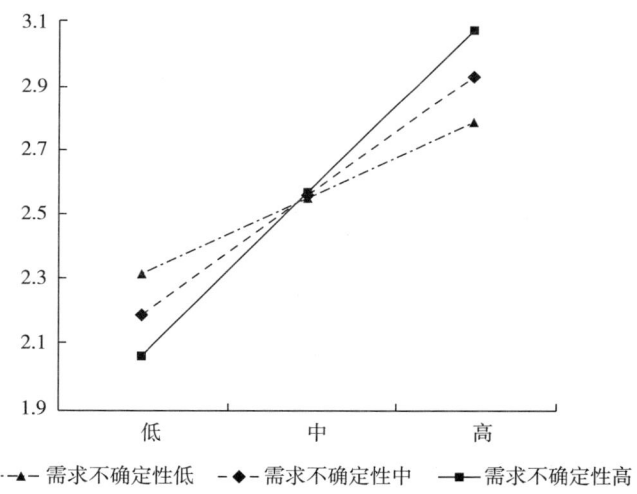

图 5-2 需求不确定性对效果逻辑和新颖型商业模式设计间关系的调节作用

图 5-2 进一步显示了需求不确定性对效果逻辑和新颖型商业模式设计之间关系的调节作用。由图 5-2 可知,随着需求不确定性水平的提高,效果逻辑对新颖型商业模式设计的促进作用在逐渐提高,反映两者间关系的直线斜率在逐渐增加。这说明,不同水平的需求不确定性会显著地调节效果逻辑与新颖型商业模式设计之间的关系,更具体地,需求不确定性增强了效果逻辑对新颖型商业模式设计的促进作用。

图 5-3 进一步显示了竞争强度对因果逻辑和新颖型商业模式设计之间关系的调节作用。由图 5-3 可知,当竞争强度水平由低变高时,因果逻辑与新颖型

商业模式设计之间关系的斜率由负变正。当竞争强度水平较低时,因果逻辑与新颖型商业模式设计之间呈负相关;而当竞争强度水平较高时,因果逻辑与新颖型商业模式设计之间呈正相关。这说明,不同水平的竞争强度会显著地调节因果逻辑与新颖型商业模式设计之间的关系,更具体地,竞争强度会增强因果逻辑对新颖型商业模式设计的促进作用。

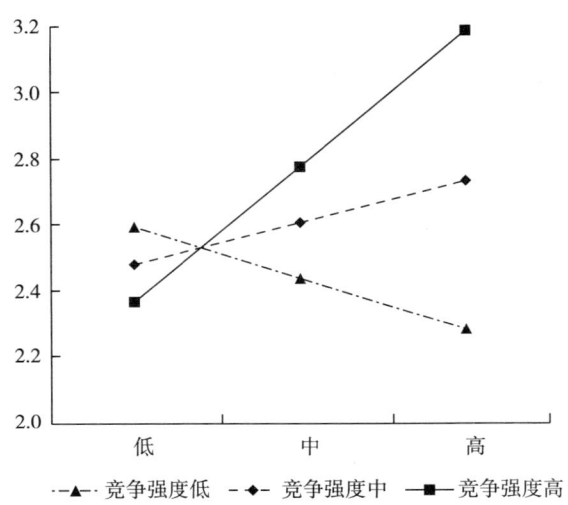

图 5-3 竞争强度对因果逻辑和新颖型商业模式设计间关系的调节作用

图 5-4 进一步显示了竞争强度对效果逻辑与新颖型商业模式设计之间关系的调节作用。由图 5-4 可知,随着竞争强度水平的提高,效果逻辑对新颖型商业模式设计的促进作用在逐渐减弱,反映两者间关系的直线斜率在逐渐减小。这说明,不同水平的竞争强度会显著地调节效果逻辑与新颖型商业模式设计之间的关系,更具体地,竞争强度削弱了效果逻辑对新颖型商业模式设计的促进作用。

3. 决策逻辑对创业学习影响作用的检验

表 5-5 中的模型 1 和模型 3 用于检验因果逻辑对经验性学习和获得性学习的影响作用。结果显示,因果逻辑和经验性学习间呈显著正相关关系($\beta = 0.225$,$p < 0.01$),因此,假设 4a 得到支持;因果逻辑和获得性学习也呈显著正

相关关系（β=0.216，p<0.05），因此，假设4b得到支持。模型2和模型4用于检验效果逻辑对经验性学习和获得性学习的影响作用。结果显示，效果逻辑和经验性学习间呈显著正相关关系（β=0.310，p<0.001），因此，假设5a得到支持；效果逻辑和获得性学习也呈显著正相关关系（β=0.332，p<0.001），因此，假设5b得到支持。

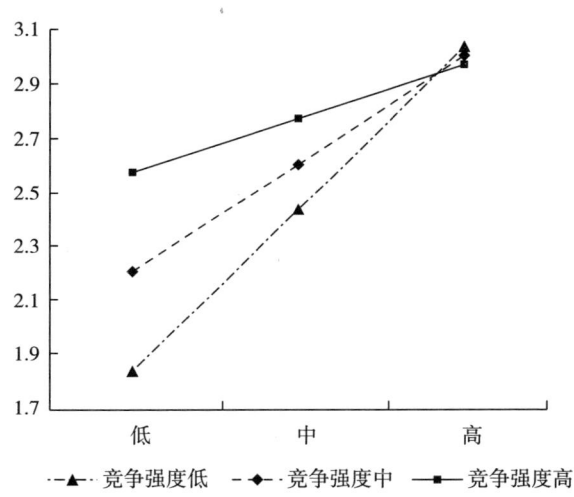

图5-4　竞争强度对效果逻辑和新颖型商业模式设计间关系的调节作用

4. 创业学习对新颖型商业模式设计影响作用的检验

表5-5中的模型13用于检验两类学习对新颖型商业模式设计的直接影响作用。模型11是新颖型商业模式设计单独与经验性学习的回归，模型12是新颖型商业模式设计单独与获得性学习的回归，模型13是同时放入经验性学习和获得性学习后的回归。结果显示，模型13的F值为6.752（p<0.001），模型13相比模型11和模型12的R^2显著增加。这说明，同时加入经验性学习和获得性学习以后，模型的整体解释力度加强了。模型13的回归结果显示，经验性学习和新颖型商业模式设计间有显著正相关关系（β=0.209，p<0.05），因此，假设6a得到支持；获得性学习与新颖型商业模式设计间显著正相关关系（β=0.423，

$p<0.001$),因此,假设 6b 得到支持。

为了进一步检验经验性学习和获得性学习对新颖型商业模式设计的相对影响力,本书借鉴 Liu 等(2009)推荐的方法,主要分两个步骤进行:

第一步,计算模型的 $\triangle R^2$,根据回归分析结果表 5-5 计算可知:

$$\triangle R^2_{\text{Model 13 - Model 11}} = R^2_{\text{Model 13}} - R^2_{\text{Model 11}} = 0.472 - 0.330 = 0.142$$

$$\triangle R^2_{\text{Model 13 - Model 12}} = R^2_{\text{Model 13}} - R^2_{\text{Model 12}} = 0.472 - 0.416 = 0.056$$

其中 $\triangle R^2_{\text{Model 13 - Model 11}}$ 表明,在经验性学习的基础上增加获得性学习以后,模型 13 对新颖型商业模式设计的解释程度的变化,由结果可知,0.142 代表获得性学习对新颖型商业模式设计变化的解释比例。而 $\triangle R^2_{\text{Model 13 - Model 12}}$ 则表明,经验性学习对新颖型商业模式设计变化的解释比例。由于 $R^2_{\text{Model 13 - Model 11}}$(0.142)大于 $\triangle R^2_{\text{Model 13 - Model 12}}$(0.056),说明在促进新颖型商业模式设计方面,获得性学习更加有效。

第二步,比较半偏相关系数(Semipartial Correlation)。

如表 5-7 所示,半偏相关系数是在控制其他变量影响的条件之下,自变量对因变量的贡献,即经验性学习和获得性学习单独对新颖型商业模式设计的贡献。由计算结果可知经验性学习单独对新颖型商业模式设计的贡献值为 0.0497,获得性学习单独对新颖型商业模式设计的贡献值为 0.1722。由以上结果可知,获得性学习相比较于经验性学习,更有利于新颖型商业模式设计。因此,H6c 得到支持。

表 5-7 半偏相关系数表

	新颖型商业模式设计	
	Part correlation	Square of part correlation
经验性学习	0.223	0.0497
获得性学习	0.415	0.1722
企业年龄(ln)	-0.027	0.0007
农、林、牧、渔业	0.117	0.0137
信息技术服务业	0.079	0.0062
租赁和商务服务业	-0.009	0.0001
先前职能经验	-0.059	0.0035

续表

	新颖型商业模式设计	
	Part correlation	Square of part correlation
直觉认知风格	0.032	0.0010
技术能力	0.259	0.0671
教育程度	-0.092	0.0085

5. 创业学习中介作用的检验

根据 Baron 和 Kenny（1986）提出的中介效应检验步骤，本书分别检验了经验性学习和获得学习在决策逻辑和新颖型商业模式设计之间发挥的中介作用。首先，由模型 5 中因果逻辑与新颖型商业模式设计之间的关系（$\beta = 0.267$，$p < 0.01$）可知，因果逻辑对新颖型商业模式设计有显著促进作用；其次，由模型 1 和模型 3 中因果逻辑与两类学习之间的关系（$\beta = 0.225$，$p < 0.01$；$\beta = 0.216$，$p < 0.05$）可知，因果逻辑对两类学习均有显著促进作用；然后，由模型 13 中两类学习与新颖型商业模式设计之间的关系（$\beta = 0.209$，$p < 0.05$；$\beta = 0.423$，$p < 0.001$）可知，两类学习均对新颖型商业模式设计有显著促进作用；最后，由 Model8 可知，当同时放入因果逻辑、经验性学习和获得性学习之后，因果逻辑与新颖型商业模式设计之间的回归系数由原来的 0.267（$p < 0.01$）下降为 0.138（$p < 0.05$），且两类学习与新颖型商业模式设计依然存在显著正相关关系（$\beta = 0.187$，$p < 0.05$；$\beta = 0.402$，$p < 0.001$）。这说明，经验性学习和获得性学习在因果逻辑与新颖型商业模式设计之间发挥部分中介作用。因此，假设 7a、7b 分别得到了支持。

根据 Baron 和 Kenny（1986）提出的中介效应检验步骤，本书接着检验了经验性学习和获得学习在效果逻辑和新颖型商业模式设计之间发挥的中介作用。首先，由模型 6 中效果逻辑与新颖型商业模式设计之间的关系（$\beta = 0.336$，$p < 0.001$）可知，效果逻辑对新颖型商业模式设计有显著促进作用；其次，由模型 2 和模型 4 中效果逻辑与两类学习之间的关系（$\beta = 0.310$，$p < 0.001$；$\beta = 0.332$，$p < 0.001$）可知，效果逻辑对两类学习均有显著促进作用；然后，由模型 13 中两类学习与新颖型商业模式设计之间的关系（$\beta = 0.209$，$p < 0.05$；$\beta = $

0.423，p<0.001）可知，两类学习均对新颖型商业模式设计有显著促进作用；最后，由模型 19 可知，当同时放入效果逻辑、经验性学习和获得学习之后，效果逻辑与新颖型商业模式设计之间的回归系数由原来的 0.336（p<0.001）下降为 0.153（p<0.05），且两类学习与新颖型商业模式设计依然存在显著正相关关系（β=0.179，p<0.05；β=0.384，p<0.001）。这说明，经验性学习和获得性学习在效果逻辑与新颖型商业模式设计之间发挥部分中介作用。因此，假设 8a、8b 分别得到了支持。

除了运用 Baron 和 Kenny（1986）提出的中介效应检验方法之外，本书还借鉴 Preacher 和 Hayes（2004）提出的 Bootstrapping 方法来进一步检验中介作用，并比较了不同中介路径的大小关系。采用偏差校正的非参数百分位法重复抽样 5000 次，运用 Process 程序进行了检验。检验结果如表 5-8 所示。

表 5-8 中介作用的 Bootstrapping 结果

	Effect	Boot SE	90% 置信区间		95% 置信区间	
			LLCI	ULCI	LLCI	ULCI
因果逻辑对新颖型商业模式设计的间接影响						
总间接效应	0.2180	0.0600	0.1267	0.3241	0.1142	0.3468
经验性学习的中介效应	0.0560	0.0360	0.0112	0.1310	0.0126	0.1499
获得性学习的中介效应	0.1620	0.0519	0.0876	0.2564	0.0749	0.2767
中介效应的比较（C1）	-0.1061	0.0661	-0.2249	-0.0185	-0.2528	0.0081
效果逻辑对新颖型商业模式设计的间接影响						
总间接效应	0.2622	0.0681	0.1655	0.3954	0.1451	0.4207
经验性学习的中介效应	0.0686	0.0423	0.0162	0.1616	0.0074	0.1798
获得性学习的中介效应	0.1936	0.0570	0.1137	0.3022	0.0968	0.3275
中介效应的比较（C1）	-0.1250	0.0737	-0.2604	-0.0162	-0.2921	0.0037

注：C1=经验性学习的中介效应-获得性学习的中介效应。

结果显示，在 95% 的置信区间内，经验性学习和获得性学习分别在因果逻辑与新颖型商业模式设计间的关系中发挥中介作用，且中介作用显著（0.1142，

0.3468),两者的中介作用分别为 0.0560 和 0.1620,总的间接效应值为 0.2180。关于两个中介作用的比较,由结果可知,在 90% 的置信区间内,获得性学习的中介作用显著高于经验性学习的中介作用(-0.2249,-0.0085)。

接着,本书采用同样的方法检验了经验性学习和获得性学习分别在效果逻辑与新颖型商业模式设计间关系中所发挥的中介作用。由结果可知,在 95% 的置信区间内,经验性学习和获得性学习分别在效果逻辑与新颖型商业模式设计间的关系中发挥中介作用,且中介作用显著(0.1451,0.4207),两者的中介作用分别为 0.0686 和 0.1936,总的间接效应值为 0.2622。关于两个中介作用的比较,由结果可知,在 90% 的置信区间内,获得性学习的中介作用显著高于经验性学习的中介作用(-0.2604,-0.0162)。

6. 市场不确定性对创业学习作用发挥的影响作用检验

表 5-5 中的模型 14 用于检验市场不确定性对两类创业学习作用发挥效果的影响。结果显示,经验性学习与需求不确定性的交互项对新颖型商业模式设计的正向影响不显著($\beta=0.020$,$p>0.1$),获得性学习与需求不确定性的交互项对新颖型商业模式设计的负向影响不显著($\beta=-0.137$,$p>0.1$),这说明 H9(在需求不确定性高的环境中,经验性学习相比于获得性学习,在促进新颖型商业模式设计方面发挥更大的作用)未得到支持;由模型 14 可知,经验性学习与竞争强度的交互项对新颖型商业模式设计有显著负向作用($\beta=-0.197$,$p<0.05$),获得性学习与竞争强度的交互项对新颖型商业模式设计有显著正向作用($\beta=0.242$,$p<0.05$),这说明 H10(在竞争强度高的环境中,获得性学习相比经验性学习,更有利于促进新颖型商业模式设计)得到了支持。

7. 被调节的中介作用的检验

对于被调节的中介作用的检验,本书借鉴 Hayes(2013)的方法,采用 Process 插件运用 Bootstrapping 方法来检验。检验市场不确定性在低(均值减 1 个标准差)、中(均值)、高(均值加 1 个标准差)三种水平下,中介变量所发挥的中介作用是否表现显著差异。为确保检验结果的稳健性和可靠性,分别检验需求不确定性和竞争强度同时对两条中介路径的调节效应。具体的检验结果如

表5-9～表5-12所示。

由表5-9可知,随着需求不确定性水平的提高,经验性学习在因果逻辑与新颖型商业模式设计间的中介效应由0.0819下降到0.0183,无论需求不确定性处于低水平(-0.0013,0.1981)还是高水平(-0.1309,0.1437),95%的置信区间均包含0,中介效应不显著。因此,H11(需求不确定性正向调节经验性学习在因果逻辑与新颖型商业模式设计间的中介作用。即需求不确定性水平越高,经验性学习在因果逻辑和新颖型商业模式设计间发挥的中介效应越强)未得到支持。另外,因果逻辑通过获得性学习对新颖型商业模式设计的影响在需求不确定性低(0.0673,0.2741)、中(0.0866,0.3092)、高(0.0900,0.3609)三个水平下均显著,且间接效应值逐渐增大,从0.1512提升至0.2061,这也间接说明H11未得到支持。

表5-9 需求不确定性调节经验性学习在因果逻辑与新颖型商业模式设计间的中介作用

中介变量	需求不确定性水平	Effect	Boot SE	95%置信区间(5000次)	
				LLCI	ULCI
经验性学习	2.5015(-1 SD)	0.0819	0.0508	-0.0013	0.1981
	3.4637(Mean)	0.0501	0.0477	-0.0387	0.1560
	4.4259(+1 SD)	0.0183	0.0684	-0.1309	0.1437
获得性学习	2.5015(-1 SD)	0.1512	0.5280	0.0673	0.2741
	3.4637(Mean)	0.1786	0.0559	0.0866	0.3092
	4.4259(+1 SD)	0.2061	0.0696	0.0900	0.3609

由表5-10可知,因果逻辑通过获得性学习对新颖型商业模式设计的影响在竞争强度低(0.0378,0.2288)、中(0.0872,0.3045)、高(0.1138,0.4101)三个水平下均显著,且间接效应值逐渐增大,从0.1118提升至0.2402。这表明,竞争强度水平的提高增强了获得性学习在因果逻辑与新颖型商业模式设计间的中介作用。因此,H12(竞争强度正向调节获得性学习在因果逻辑与新颖型商业模式设计间的中介作用。即竞争强度水平越高,获得性学习在因果逻辑和新颖型商

业模式设计间发挥的中介效应越强)得到支持。另外,因果逻辑通过经验性学习对新颖型商业模式设计的影响,随着竞争强度水平由低(0.0224,0.2014)到高(-0.1250,0.1304)的变化,中介作用在逐渐减少且变得不显著。这表明,竞争强度并不能提升经验性学习在因果逻辑与新颖型商业模式设计间的中介作用,间接说明获得性学习中介作用的重要性,H12得到支持。

表5-10 竞争强度调节获得性学习在因果逻辑与新颖型商业模式设计间的中介作用

中介变量	竞争强度水平	Effect	Boot SE	95%置信区间(5000次)	
				LLCI	ULCI
经验性学习	2.8926(-1 SD)	0.0958	0.0457	0.0224	0.2014
	3.6931(Mean)	0.0499	0.0419	-0.0221	0.1504
	4.4937(+1 SD)	0.0041	0.0642	-0.1250	0.1304
获得性学习	2.8926(-1 SD)	0.1118	0.0476	0.0378	0.2288
	3.6931(Mean)	0.1764	0.0550	0.0872	0.3045
	4.4937(+1 SD)	0.2402	0.0757	0.1138	0.4101

由表5-11可知,随着需求不确定性水平的提高,经验性学习在效果逻辑与新颖型商业模式设计间的中介效应由0.1004下降到0.0204。随着需求不确定性的水平由低(0.0138,0.2406)到高(-0.1432,0.1672)的变化,中介作用在逐渐减少且变得不显著。这表明,需求不确定性并不能提升经验性学习在效果逻辑与新颖型商业模式设计间的中介作用,因此,H13(需求不确定性正向调节经验性学习在效果逻辑与新颖型商业模式设计间的中介作用。即需求不确定性水平越高,经验性学习在效果逻辑和新颖型商业模式设计间发挥的中介效应越强)未得到支持。另外,效果逻辑通过获得性学习对新颖型商业模式设计的影响在需求不确定性低(0.0860,0.3413)、中(0.1081,0.3742)、高(0.1166,0.4389)三个水平下均显著,且间接效应值逐渐增大,从0.1862提升至0.2539。这表明,需求不确定性显著提升了获得性学习在效果逻辑与新颖型商业模式设计间的中介作用,间接说明H13未得到支持。

表 5-11 需求不确定性调节经验性学习在效果逻辑与
新颖型商业模式设计间的中介作用

中介变量	需求不确定性水平	Effect	Boot SE	95% 置信区间（5000 次）	
				LLCI	ULCI
经验性学习	2.5015（-1 SD）	0.1004	0.0569	0.0138	0.2406
	3.4637（Mean）	0.0604	0.0545	-0.0305	0.1914
	4.4259（+1 SD）	0.0204	0.0765	-0.1432	0.1672
获得性学习	2.5015（-1 SD）	0.1862	0.0629	0.0860	0.3413
	3.4637（Mean）	0.2200	0.0648	0.1081	0.3742
	4.4259（+1 SD）	0.2539	0.0808	0.1166	0.4389

由表 5-12 可知，效果逻辑通过获得性学习对新颖型商业模式设计的影响在竞争强度低（0.0432，0.2795）、中（0.1096，0.3723）、高（0.1490，0.5083）三个水平下均显著，且间接效应值逐渐增大，从 0.1321 提升至 0.3007。表明竞争强度水平的提高增强了获得性学习在效果逻辑与新颖型商业模式设计间的中介作用。因此，H14（竞争强度正向调节获得性学习在效果逻辑与新颖型商业模式设计间的中介作用。即，竞争强度水平越高，获得性学习在效果逻辑和新颖型商业模式设计间发挥的中介效应越强）得到支持。另外，效果逻辑通过经验性学习对新颖型商业模式设计的影响，随着竞争强度水平由低（0.0234，0.2338）到高（-0.1151，0.1663）的变化，中介作用在逐渐减少且变得不显著。这表明，竞争强度并不能提升经验性学习在效果逻辑与新颖型商业模式设计间的中介作用，间接说明获得性学习的中介作用的重要性，即 H14 得到支持。

表 5-12 竞争强度调节获得性学习在效果逻辑与新颖型
商业模式设计间的中介作用

中介变量	竞争强度水平	Effect	Boot SE	95% 置信区间（5000 次）	
				LLCI	ULCI
经验性学习	2.8926（-1 SD）	0.1049	0.0524	0.0234	0.2338
	3.6931（Mean）	0.0632	0.0476	-0.0117	0.1815
	4.4937（+1 SD）	0.0215	0.0696	-0.1151	0.1663

续表

中介变量	竞争强度水平	Effect	Boot SE	95%置信区间（5000次）	
				LLCI	ULCI
获得性学习	2.8926（-1 SD）	0.1321	0.0571	0.0432	0.2795
	3.6931（Mean）	0.2164	0.0643	0.1096	0.3723
	4.4937（+1 SD）	0.3007	0.0891	0.1490	0.5083

第五节 本章小结

本章主要对理论模型和假设进行了实证检验。首先，对所有变量间的相关关系做了分析；其次，对实证数据做了描述性统计检验，得出样本数据的基本特征；再次，对变量测量做了信度和效度分析、共同方法偏差的检验和内生性检验；最后，采用分层回归分析、中介作用的 Bootstrapping 检验、相对影响力检验、调节作用检验、调节作用图、被调节的中介作用检验等方法来逐一检验本书提出的假设。经过检验发现，研究提出的 24 条假设中，3 条未得到支持（见表 5-13）。

表 5-13 假设检验结果汇总表

假设	假设内容	结果
H1a	因果逻辑与新颖型商业模式设计呈正相关关系	支持
H1b	效果逻辑与新颖型商业模式设计呈正相关关系	支持
H1c	效果逻辑相比较于因果逻辑，更有利于新颖型商业模式设计	支持
H2a	需求不确定性削弱了因果逻辑对新颖型商业模式设计的促进作用	支持
H2b	需求不确定性增强了效果逻辑对新颖型商业模式设计的促进作用	支持
H3a	竞争强度增强了因果逻辑对新颖型商业模式设计的促进作用	支持
H3b	竞争强度削弱了效果逻辑对新颖型商业模式设计的促进作用	支持
H4	因果逻辑对（a）经验性学习和（b）获得性学习均有显著的促进作用	支持
H5	效果逻辑对（a）经验性学习和（b）获得性学习均有显著的促进作用	支持

续表

假设	假设内容	结果
H6a	经验性学习与新颖型商业模式设计呈正相关关系	支持
H6b	获得性学习与新颖型商业模式设计呈正相关关系	支持
H6c	获得性学习相较于经验性学习，更有利于新颖型商业模式设计	支持
H7	因果逻辑通过（a）经验性学习和（b）获得性学习的中介作用影响新颖型商业模式设计	支持
H8	效果逻辑通过（a）经验性学习和（b）获得性学习的中介作用影响新颖型商业模式设计	支持
H9	在需求不确定性越高的环境中，经验性学习相比较于获得性学习，在促进新颖型商业模式设计方面发挥更大作用	不支持
H10	在竞争强度高的环境中，获得性学习相比较于经验性学习，在促进新颖型商业模式设计方面发挥更大作用	支持
H11	需求不确定性正向调节经验性学习在因果逻辑与新颖型商业模式设计间的中介作用，即需求不确定性水平越高，经验性学习在因果逻辑和新颖型商业模式设计间发挥的中介效应越强	不支持
H12	竞争强度正向调节获得性学习在因果逻辑与新颖型商业模式设计间的中介作用，即竞争强度水平越高，获得性学习在因果逻辑和新颖型商业模式设计间发挥的中介效应越强	支持
H13	需求不确定性正向调节经验性学习在效果逻辑与新颖型商业模式设计间的中介作用，即需求不确定性水平越高，经验性学习在效果逻辑和新颖型商业模式设计间发挥的中介效应越强	不支持
H14	竞争强度正向调节获得性学习在效果逻辑与新颖型商业模式设计间的中介作用，即竞争强度水平越高，获得性学习在效果逻辑和新颖型商业模式设计间发挥的中介效应越强	支持

第六章 结果讨论

根据效果理论、组织学习理论和商业模式的相关文献,基于"认知—行为—结果"的逻辑主线,本书分析了决策逻辑(因果逻辑和效果逻辑)对新颖型商业模式设计的影响作用、影响条件和影响路径。根据理论研究的不足,首先,本书分析了因果逻辑和效果逻辑对新颖型商业模式设计的直接作用,并探讨了不同形式的市场不确定性(需求不确定性和竞争强度)如何调节决策逻辑与新颖型商业模式设计间的关系;其次,在区分经验性学习和获得性学习的基础上,本书分析了两者如何在决策逻辑与新颖型商业模式设计间的关系中发挥中介作用;最后,本书探讨了不同形式的市场不确定性(需求不确定性和竞争强度)对创业学习与新颖型商业模式设计间关系的调节作用,以及对创业学习的中介作用所发挥的调节作用。本章试图从理论上更深刻地解释因果逻辑和效果逻辑影响新颖型商业模式设计的内在机理,并通过引入调节变量为效果理论的边界条件增添新知识,引入中介变量丰富了效果理论发挥作用的中间路径,引入被调节的中介效应的检验推动了多个理论的整合研究。本书运用大样本调研的实证研究方法,收集了陕西省159家新创企业的样本数据,对提出的理论模型和假设进行了检验。结果显示,本书提出的24条假设中有21条得到充分支持,基本证明了本书所提出的理论模型的正确性。本章将对理论模型的检验结果进一步展开分析和讨论,以总结出本书的理论意义和实践意义。

第一节 假设结果讨论

一、决策逻辑对新颖型商业模式设计的影响

首先,假设 1a 和 1b 的结果表明,因果逻辑和效果逻辑均与新颖型商业模式设计呈正相关关系。这与理性定位视角(Casadesus – Masanell 和 Ricart,2010;Teece,2010;Zott 和 Amit,2010)以及演化视角(Chesbrough 和 Rosenbloom,2002;Chesbrough,2010;McGrath,2010;Sosna 等,2010;Andries 等,2013)下的研究观点是一致的。例如,Casadesus – Masanell 和 Ricart(2010)和 Zott 和 Amit(2010)指出,创业者对外部环境的理性分析和对跨越企业边界的经营业务、交易方式或治理方式进行周密的规划是新颖型商业模式设计的本质。Teece(2010)指出,新颖型商业模式是创业者在外部环境动荡变化的基础上,通过理性的市场调研和周密的商业计划而精心设计出来的。Andries 等(2013)提出,创业者是有限理性的,可以通过不断的试验、试错或迭代对商业模式的内容、结构或治理方式进行优化、筛选、调整或重塑。Sosna 等(2010)指出,不断地试错学习有助于渐进性地生成新颖型的商业模式,因此,新颖型商业模式设计是一个"摸着石头过河"的探索过程。本书与上述研究最大的不同是,通过引入效果理论,识别了理性定位视角和演化视角的学者们实际上分别秉承了因果逻辑和效果逻辑的观点,并进一步采用实证研究方法分析并检验了两者发挥作用的机制。此外,研究结论也进一步证实了 Futterer 等(2018)的推断,两种决策逻辑对商业模式创新均有显著促进作用。

其次,本书进一步揭示了因果逻辑和效果逻辑对新颖型商业模式设计的差异化影响:相较于因果逻辑,效果逻辑在促进新颖型商业模式设计方面发挥更大的作用(H1c)。新创企业有限的资源基础,创业者的有限理性以及新颖型商业模式设计实现过程的高度不确定性决定了,因果逻辑的作用发挥可能存在着较大的约束。由于因果逻辑强调对环境展开理性分析,并以收益最大化为原则制定出清

晰的目标和计划以指导后续的创业活动。而一旦环境发生突变，例如，用户需求把握不准确，则预先确定的目标将难以继续发挥作用，这必将带来资源的浪费和高昂的成本，也会降低创业者采取因果逻辑的积极性和意愿。而相较于因果逻辑，效果逻辑主要以可承受为原则，强调要以最小的成本，通过不断的试验或试错对商业模式的内容、结果或治理方式进行渐进调整，能更好地应对市场不确定性。因此，本书提出，与因果逻辑相比，效果逻辑在促进新颖型商业模式设计方面发挥更大的作用。这与以往研究强调效果逻辑在环境不确定性较高的环境中发挥更大作用的结论是一致的（Read 和 Sarasvathy，2005；Sarasvathy 和 Dew，2005；Wiltbank 等，2006；Dew 等，2009；Brettel 等，2012；吴隽等，2016）。例如，Brettel 等（2012）认为，效果逻辑在创新水平较高的环境中发挥较大作用。吴隽等（2016）通过对手机 APP 新创企业的多案例研究发现，效果逻辑能够促进机会的进化和商业模式微创新，并且奈特不确定性水平越高，创业者越可能利用效果逻辑进行创业。

最后，为了进一步探讨两种决策逻辑间的关系，本书检验了两种决策逻辑的交互作用对新颖型商业模式设计的影响。检验结果显示，两者的交互作用对新颖型商业模式设计的影响不显著（β = -0.071，p = 0.357）。更进一步地，本书也对因果逻辑与效果逻辑四个子维度分别做出了交互项，检验了四个交互项分别对新颖型商业模式设计的影响。结果显示，因果逻辑与试验维度的交互项对新颖型商业模式设计的影响不显著（β = 0.054，p = 0.552），因果逻辑与灵活性维度的交互项对新颖型商业模式设计的影响不显著（β = -0.070，p = 0.438），因果逻辑与前期承诺的交互项对新颖型商业模式设计的影响不显著（β = -0.028，p = 0.746），因果逻辑与可承受损失的交互项对新颖型商业模式设计的影响不显著（β = -0.031，p = 0.731）。这说明，两种决策逻辑的交互作用对新颖型商业模式设计的影响并不明显。可能的原因是，一方面，两种决策逻辑间可能存在替代作用，因为两者其实分别代表了两种不同的认知范式，每种认知范式关注的焦点问题不同。如果创业者将过多的注意力或资源投放在效果逻辑上，则聚焦于因果逻辑的注意力或资源就会十分有限，反之亦然；另一方面，已有研究表明，两种决策逻辑间还有可能存在互补作用（Smolka 等，2016），创业者如果同时采用高水平的因果逻辑和高水平的效果逻辑，尤其是因果逻辑和前期承诺相结合将会对企业绩效产生显著的促进作用。因此，上述作用的综合影响可能是导致两者间的交互作用不显著的主要原因。

二、市场不确定性对决策逻辑作用发挥效果的影响

假设2a、2b、3a、3b分析了需求不确定性和竞争强度对决策逻辑与新颖型商业模式设计间关系的调节作用。研究认为，需求不确定性削弱了因果逻辑对新颖型商业模式设计的促进作用，而增强了效果逻辑对新颖型商业模式设计的促进作用。竞争强度增强了因果逻辑对新颖型商业模式设计的促进作用，而削弱了效果逻辑对新颖型商业模式设计的促进作用。也就是说，不同形式和程度的市场不确定性会增强或削弱决策逻辑对新颖型商业模式设计的影响。虽然以往研究指出了市场不确定性会影响决策者决策制定的有效性（Sarasvathy，2001），但缺乏详细探讨市场不确定性的具体表现形式（Welter等，2016）。本书在区分需求不确定性和竞争强度的基础上进一步发现，创业者在运用因果逻辑和效果逻辑来获取不同的知识时，首先，必须要能够识别市场不确定性的主要表现形式，并根据需求不确定性和竞争强度的不同；其次，只有将两种决策逻辑与不同形式的市场不确定性相匹配，才能更有效地获取所需要的知识，为新颖型商业模式设计奠定知识基础。

该研究回应了一些学者关于"如何以及为何要交替使用因果逻辑和效果逻辑这两种决策逻辑"的不同观点（Arend等，2015；Martins等，2015；Reymen等，2015）。也就是说，回答了创业者在何种不确定性条件下采用何种决策逻辑更有助于实现新颖型商业模式设计的问题，为效果理论发挥作用的边界条件增添了新知识。该研究证实了Reymen等（2015）的研究，一方面，证实了效果理论的研究应注重情境因素的分析，否则将会不利于创业过程中对新机会的开发和新知识的获取。也就是说，效果理论的研究应深入挖掘外部情境因素，因为它们将影响创业者对因果逻辑或效果逻辑这两种不同决策逻辑的选择；另一方面，该研究与Reymen等（2015）的观点最大的不同是，他们的研究尽管指出了市场不确定性的不同形式或程度可能会影响决策者对不同决策逻辑的选择和使用，但并没有深入分析市场不确定性的具体表现形式，也没有相应的实证研究。由于市场不确定性强调市场环境变化的不稳定性、动荡性和不可预测性程度，其随机效果主要是

由顾客需求与偏好波动所引起的需求不确定性和市场竞争越来越激烈所诱发的竞争强度增加所构成,这两者成为市场不确定性的典型代表。因此,通过分析两者对决策逻辑与新颖型商业模式设计间关系的调节作用,识别了两种决策逻辑各自的适用情境,也为效果理论的边界条件增添了新知识。

另外,以往研究普遍认为,在高度不确定的市场环境中,创业者更倾向于运用效果逻辑来感知与处理信息、灵活利用意外事件以创造机会;而在环境不确定性较低的环境中,创业者倾向于采用因果逻辑来识别和开发机会(Read 和 Sarasvathy,2005;Sarasvathy 和 Dew,2005;Wiltbank 等,2006;Dew 等,2009)。上述研究一般假定,创业者对外部市场环境的认识和所充当的角色是稳定不变的:采用因果逻辑的创业者普遍认为外部环境是可以预测的,可以先事先确定清晰的目标,以收益最大化为原则,通过竞争性战略对市场中的机会加以识别和开发;而采用效果逻辑的创业者通常认为,外部市场环境是不可预测的,应以手头已有的资源为基础,以可承受损失为原则,通过合作性战略来开展创业行动(Sarasvathy,2001)。从这一点来讲,这两种稳定的、互相对立的决策逻辑不能解释创业者在机会开发过程中为什么决策逻辑会发生转变以及在何时情境下会发生转变。另外,在高度不确定的外部市场环境中,创业者就不会采用因果逻辑吗?事实并非如此(Maine 等,2015)。有学者已经指出,市场不确定的水平和类型会影响决策者对不同决策逻辑的选择和使用(Reymen 等,2015)。因此,探讨不同类型的市场不确定性与决策逻辑的交互作用对于理解创业者为什么在不同的条件下采取不同的决策逻辑是非常重要的。本书发现,不同形式的市场不确定性对因果逻辑和效果逻辑作用发挥的确产生不同影响。因此,本书深化和扩充了效果理论发挥作用的边界条件。

三、经验性学习和获得性学习的中介作用

假设4~假设8分析了决策逻辑(因果逻辑和效果逻辑)在影响新颖型商业模式设计过程中,经验性学习和获得性学习分别所发挥的中介作用。

首先,研究认为,一方面,因果逻辑有助于引导创业者不断基于自身的经验进行尝试、总结和试错(经验性学习)以克服维持现状的偏见,扩展自身的知识基础,并加深对价值创造过程的理解,从而为新创企业更有效地识别顾客的潜

在需求奠定知识基础;另一方面,因果逻辑也有助于引导创业者开展获得性学习。创业者越是强调以目标为导向对环境展开理性分析,越是有可能积极地观察市场中较为成功的典范企业的行为模式,或借鉴竞争对手、合作伙伴等利益相关者的竞争战略,并思考这些利益相关者竞争战略为何会发挥作用,从而为完善或重塑自身的商业模式提供灵感或参考模板(Denrell,2003)。

其次,研究还认为,一方面,效果逻辑有助于引导创业者加强经验性学习,以帮助其局部搜索自身经验中的知识,并对自身经验中的知识加以识别、吸收、利用和转化,从而更好地开展试验活动,帮助其不断通过试错学习来应对商业模式开发过程中的挑战和不确定性,为新颖型商业模式设计提供知识基础;另一方面,效果逻辑还有助于引导创业者跳出自身的路径依赖性。创业者越是强调效果逻辑,越有可能会扩大搜寻、识别、理解新知识的范围和种类,也就越有可能通过观察或模仿其他人的经验以跳跃式地搜寻到与自身差异较大的新知识。从而为新颖型商业模式设计提供新知识、灵感和参考样板,帮助创业者快速有效地搜寻到新的商业要素,或对现有商业要素进行创造性的匹配以产生新的价值创造系统。

研究充分证实了以上的观点,验证了经验性学习和获得性学习在决策逻辑影响新颖型商业模式设计过程中,均发挥了部分中介作用。该研究丰富了效果理论并进一步扩展了 Gupta 等(2016)的研究。Gupta 等(2016)指出,Arend 等(2015)对效果理论研究的最大贡献是,基于 3E(Experience,Explain,Establish)理论评估框架,对效果理论的优势、劣势进行了综合评价和分析,并提出效果理论可以被称得上是创业领域的新理论。并且,该理论对于解释在不确定环境中,新产品、新组织形式、新市场、新机会等人工产物(Artifacts)的涌现有非常关键的作用;但是,他们的研究忽视了从过程视角解释效果逻辑和因果逻辑通过何种过程促进上述人工产物(Artifacts)的涌现。即现有的效果理论研究缺乏对具体过程的关注。本书扩展了 Gupta 等(2016)和 Arend 等(2015)的研究,从过程视角实证探索了因果逻辑和效果逻辑影响新颖型商业模式设计的过程,并验证了经验性学习和获得性学习在该过程中所发挥的部分中介作用。因此,也在一定程度上呼应了 Gupta 等(2016)所倡导的,未来效果理论研究应采用过程的视角探索效果逻辑和因果逻辑作用发挥的具体路径。

该研究也拓展了效果理论,并进一步丰富了 Cai 等（2017）的研究。一方面,该结论说明效果逻辑作用的发挥是一个过程,学习在其中发挥了重要的作用;另一方面,该发现与 Cai 等（2017）的观点最大不同的是,本书认为,在创业过程中,不仅效果逻辑可被视为是一种在不确定性的环境中指导创业行为的决策逻辑,而且因果逻辑的作用也不容忽视,两种决策逻辑对于指导创业行为都发挥着至关重要的作用。尤其是,效果逻辑不仅通过探索学习的中介作用影响新创企业的绩效,而且还会通过经验性学习和获得性学习的中介作用影响新颖型商业模式设计。也就是说,经验性学习和获得性学习在不同决策逻辑与新颖型商业模式设计之间的关系中均发挥中介作用。

该研究进一步证实并拓展了 Jiang 和 Rüling（2017）的研究。尽管他们也强调效果逻辑作用的发挥是一个异质性的过程,包括三个阶段:发起阶段（Initiation）（识别手头拥有的资源）、执行阶段（Conduct）（构建与利益相关者相互依存的活动系统）以及终止阶段（Termination）（通过与利益相关者的交互扩展自身的资源基础或可利用的手段,明确共同的目标）。并且,不同的创业者在运用效果逻辑的过程中会存在以下五个方面特点的差异:感知的不确定性（Perception of Uncertainty）、抱负的性质（Nature of Aspirations）、信息处理的方式（Information Processing）、新的目标定位（Orientation of New Goals）以及对新目标的关注程度（Attention to New Goals）,这五个方面的特点均对效果逻辑作用的发挥产生影响。根据不同创业者在运用效果逻辑过程中所呈现出不同的特点,可将效果逻辑的过程划分为两种类型:外部动机的效果逻辑和内部动机的效果逻辑。但是,他们的研究倾向于从微观层面上结合效果逻辑的原则和创业者在运用效果逻辑过程中呈现出来的不同特点来刻画效果逻辑作用发挥是一个异质性的过程,却忽略了因果逻辑的作用,并且没有将效果逻辑作用的发挥聚焦于某一特定的创业结果上。他们的研究似乎假定因果逻辑并不重要。然而,本书发现、因果逻辑和效果逻辑对新颖型商业模式设计均有显著的促进作用,并且经验性学习和获得性学习均在决策逻辑影响新颖型商业模式设计过程中发挥了中介作用。

最后,通过相对影响力的比较可知,在促进新颖型商业模式设计方面,获得性学习比经验性学习发挥更大的作用。另外,通过对两类创业学习中介作用的比较可知,90% 的置信区间内,获得性学习比经验性学习所发挥的中介作用更大。

这说明，相比较于通过自身经验的试错学习和知识积累，对他人经验的观察、反思、借鉴和吸收能更好地帮助创业者实现新颖型商业模式设计。以往有学者认为，新颖型商业模式设计的实现过程是一个基于自身经验的试错学习的过程，而并未充分重视并检验获得性学习的作用（Sosna 等，2010；Andries 等，2013）。也有学者认为，新颖型商业模式设计过程中最大的挑战就是要克服现有的商业模式原型（主导商业模式设计）带来的价值惯性（魏泽龙等，2017）。因此，创业者要通过类比推理或概念组合等方式来借鉴其他领域的商业模式图式，并生成新的商业模式图式（Martins 等，2015）。加强获得性学习可以帮助创业者突破原有的认知惯性，发现新的价值创造或获取方式，从而为新颖型商业模式设计提供新的灵感和参考样板（Berends 等，2016）。而本书的结论进一步证实并扩展 Martins 等（2015）和 Berends 等（2016）的研究，不仅对创业者如何克服认知惯性、如何产生新的商业模式设计灵感提供了理论上的依据，也拓展了学习视角的商业模式研究。

四、被调节的中介作用

假设 9 和假设 14 分析了需求不确定性和竞争强度对创业学习与新颖型商业模式设计间关系的调节作用，以及对创业学习在决策逻辑与新颖型商业模式设计间发挥的中介作用的影响。以往研究多是采用单独构建中介机制或调节机制来扩展或深化研究的，这些方式通常难以清晰地阐述变量间可能会同时存在的潜在中介机制和调节机制，也难以将不同理论研究加以整合，从而在一定程度上制约研究可能存在的潜在贡献。近年来，以更加综合的方式来构建并检验模型开始受到越来越多学者的关注，并提出了一些同时存在中介机制和调节机制的概念模型（Duffy 等，2012；Lin 等，2016；Choudhury 和 Haas，2018）。鉴于市场不确定性改变了中介变量（创业学习）与因变量（新颖型商业模式设计）间关系的强度，本书构建了一个被调节的中介模型，探讨了创业学习在决策逻辑与新颖型商业模式设计间所发挥的中介作用如何随着市场不确定性的变化而变化。因此，本书也在一定程度上呼应了 Edwards 和 Lambert（2007）以及 Preacher 等（2007）所倡导的未来应开展"更综合的研究"。

表 5-9~表 5-12 的结果表明，竞争强度会影响创业学习在决策逻辑与新颖

型商业模式设计之间发挥的中介作用。具体而言，在竞争强度高的环境中，相较于经验性学习，获得性学习对新颖型商业模式设计产生更强的促进作用；另外，竞争强度正向调节了获得性学习在因果逻辑与新颖型商业模式设计间的中介作用，也正向调节了获得性学习在效果逻辑与新颖型商业模式设计间的中介作用。

这说明，在竞争强度非常高的市场环境中，对于资源短缺和经验不足的新创企业来说，为了更好地实现新颖型商业模式设计，相较于经验性学习，创业者更应加强获得性学习的作用，以便于从其他领域获取到更多异质性较高的新知识来为新颖型商业模式设计提供新的灵感。例如，虽然移动、联通、电信等通信公司在市场定位和竞争策略上稍有差异，但仍然避免不了长期以来的激烈竞争，因为它们主导的商业模式基本相同，均是通过构建基础设施来提供通信的基础服务，并通过对通信服务的收费来实现价值的创造。微信借鉴互联网企业"基础服务免费，增值服务收费"的商业逻辑，开发出了新的商业模式，在激烈竞争的环境中迅速开创了一片蓝海，对传统的通信行业带来巨大冲击。相比之下，通过经验性学习积累的新知识和"专家力量"需要长期的经验积累，在激烈竞争的环境中，难以在短期内迅速地打开市场局面，探索出新的商业模式。

该研究进一步丰富并拓展了 Berends 等（2016）的研究。Berends 等（2016）提出，在位企业商业模式开发的过程非常复杂，涉及多个学习机制，既有基于自身经验不断试错、强调在行动中积累知识的经验性学习，也有基于他人经验不断思考、强调在认知搜寻后开展行动的获得性学习。该过程不是一个简单的先有商业模式创新的概念，然后依据概念执行的过程，实际上两种学习机制在商业模式创新过程中是迭代出现的。为了更有效地实现新颖型商业模式设计，企业需要充分地分析该过程中可能出现的不确定性。因为不同学习方式的有效性都将受到企业内部和外部各种难以预见的意外事件的影响（McGrath，2010）。但是 Berends 等（2016）的研究是采用案例的研究方法，且并未进一步阐述何种形式的不确定性会对商业模式创新过程中学习的有效性产生影响。本书拓展了上述结论，一方面，识别了市场不确定性的具体表形式；另一方面，采用了实证的研究方法指出，需求不确定性和竞争强度这两种不同形式的市场不确定性确实会影响创业学习效果的发挥。

而出乎意料的是，虽然本书提出在需求不确定性较高的环境中，经验性学习相比较于获得性学习,在促进新颖型商业模式设计方面发挥更大作用;需求不确定性正向调节经验性学习在决策逻辑与新颖型商业模式设计间的中介作用。然而,实证检验并未得到支持。可能的原因是:由于新创企业存在"新进入者缺陷",自身资源禀赋和相关经验较少。实现新颖型商业模式设计不仅需要创业者基于自身以往经验准确感知、挖掘出用户潜在的需求,还需要新创企业及时投入必要的资源才能保证用户的需求真正得以实现,而需求的高度不确定性可能会导致新创企业对用户需求的把握不准而未能及时向用户提供全新的价值主张。另外,资源的短缺和经验的不足也可能会导致价值主张的实施将受到阻碍,因此,在新创企业的背景下,经验性学习作用的发挥在一定程度上可能受到了限制,尚未能充分地发挥作用。

第二节 理论意义

本书在整合效果理论、组织学习理论、商业模式和环境不确定性相关文献的基础上,基于"认知—行为—结果"的逻辑主线,构建了决策逻辑(因果逻辑和效果逻辑)通过创业学习(经验性学习和获得性学习)影响新颖型商业模式设计的理论研究模型,并讨论了包括需求不确定性和竞争强度在内的市场不确定性在此过程中所发挥的调节作用。具体地,首先,本书探讨了两种决策逻辑对新颖型商业模式设计的直接作用及两种决策逻辑发挥作用的权变条件;其次,在区分经验性学习和获得性学习的基础上,识别了决策逻辑如何通过两种创业学习影响新颖型商业模式设计,分析决策逻辑发挥作用的中间路径;最后,在分析需求不确定性和竞争强度调节了创业学习与新颖型商业模式设计间关系的基础上,提出了一个被调节的中介模型,拓展并推动了各个理论的发展。利用来自159家新创企业的调研数据,本书进一步实证检验了概念模型中的相关假设。与现有研究相比,本书的理论意义主要体现在以下三个方面:

(1)通过引入效果理论,本书从认知视角识别并验证了两种决策逻辑(因果逻辑和效果逻辑)对新颖型商业模式设计的不同影响以及两者各自的适用情境。这不仅在一定程度上解决了当前研究的观点争论，拓展了商业模式的研究，而且探明了效果理论发挥作用的边界条件。

首先，通过分析并检验决策逻辑对新颖型商业模式设计的作用机制，拓展了商业模式的研究。现有研究对如何实现新颖型商业模式设计主要存在理性定位、演化和认知视角三种研究视角。前两种视角重点关注外部环境的作用，而对企业能控制的认知变量关注较少。针对这一不足，认知视角以微观的解释机制强调认知的作用。然而，认知视角的研究才刚刚起步，尚未能深入分析认知范式如何对新颖型商业模式设计产生影响。而最新的效果理论为揭示前两种视角的认知范式，并构建商业模式的统一研究框架提供了重要的启示。根据效果理论，决策者在制定决策时可以参考两种主要的认知范式或决策逻辑：因果逻辑和效果逻辑。而依据效果理论，新颖型商业模式设计的实现途径之所以出现观点争论，其中一个重要原因是学者们关注的潜在决策逻辑不同。一些学者强调因果逻辑对新颖型商业模式设计的重要作用，而另一些学者强调效果逻辑的重要作用。通过分析决策逻辑对新颖型商业模式设计的作用机理，扩展了商业模式的研究，尤其呼应了 Martins 等（2015）所倡导的未来应注重挖掘认知视角前因变量的研究。

其次，通过分析不同形式的市场不确定性（需求不确定性和竞争强度）对"决策逻辑—新颖型商业模式设计"间关系的不同调节作用规律，本书探明了效果理论发挥作用的边界条件。当前的权变因素研究均未进一步区分市场不确定性的类型，未能辨明不同形式的市场不确定性对不同决策逻辑作用发挥所产生的差异化影响。本书在区分市场不确定性的基础上发现，需求不确定性削弱了因果逻辑的作用而增强了效果逻辑的作用，竞争强度增强了因果逻辑的作用而削弱了效果逻辑的作用。本书的结论与 Arend 等（2015）所倡导的"未来研究应识别环境不确定性的具体表现形式，并进一步探讨不同形式的环境不确定性如何影响因果逻辑和效果逻辑作用发挥的有效性"相呼应。不仅在一定程度上解决了当前的观点争论，而且通过细分市场不确定性，探明了效果理论发挥作用的边界条件。

（2）在区分经验性学习和获得性学习的基础上，本书探索了决策逻辑如何通过两种创业学习的中介机制影响新颖型商业模式设计的问题。这不仅从过程视角拓展了效果理论,为探析决策逻辑影响新颖型商业模式设计的内在机制提供了崭新的研究思路;而且也丰富了组织学习理论在创业研究领域的应用,更细致地阐明了新颖型商业模式设计的实现机理。

研究发现,在因果逻辑和效果逻辑影响新颖型商业模式设计的过程中,经验性学习和获得性学习均发挥了部分中介作用。具体来说,新颖型商业模式设计可被视作是创业者在资源约束和不确定性环境中通过决策逻辑的引导不断积累新知识,并提供全新价值主张的过程。在这个过程当中,存在经验性学习和获得性学习两种不同的学习机制。第一种学习机制的核心逻辑是基于创业者自身已有的经验不断试错和知识积累以加深对价值创造过程的理解,第二种学习机制的核心逻辑是基于观察和模仿其他人的经验、打破自身的认知惯性并获取新的商业逻辑或灵感。因此,通过识别创业学习在决策逻辑和新颖型商业模式设计间关系中所发挥的中介作用,一方面,在一定程度上呼应了学者们所倡导的,未来研究应关注因果逻辑和效果逻辑作用发挥的具体路径;另一方面,将组织学习理论在创业研究领域推向了更深的层次,并阐明了新颖型商业模式设计的实现机理。

(3)在分析市场不确定性对创业学习与新颖型商业模式设计间关系发挥调节作用的基础上,本书构建了一个被调节的中介模型。这不仅为组织学习理论发挥作用的边界条件增添了新知识,而且还促进了组织学习理论、效果理论和商业模式研究文献的交叉和融合,拓展并推动了各个理论的发展。

研究发现,市场不确定性不仅会影响创业学习与新颖型商业模式设计之间的关系,而且还会影响创业学习在决策逻辑与新颖型商业模式设计间所发挥的中介作用。具体地,在竞争强度高的环境中,获得性学习相比较于经验性学习,在促进新颖型商业模式设计方面发挥了更大作用;竞争强度正向调节获得性学习在决策逻辑与新颖型商业模式设计间的中介作用。因此,本书不仅深化了对创业学习与新颖型商业模式设计间关系的认识,探明了创业学习中介作用的边界条件,而且也进一步促进了两类研究"创业学习—新颖型商业模式设计"和"决策逻辑—新颖型商业模式设计"的交叉和融合,从而推动了效果理论和组织学习理论的整合,丰富了商业模式研究的理论基础。

第三节　实践启示

在物联网、大数据等新一代信息技术塑造的高度互联环境中,通过新颖型商业模式设计塑造行业进入优势是新创企业获得生存和发展的关键途径。如何实现新颖型商业模式设计就成为创业者和理论研究者亟待解决的问题。在构建理论模型并进行实证检验的基础上,本书的结论对新创企业具有以下四点启示:

第一,研究发现,因果逻辑和效果逻辑均与新颖型商业模式设计呈正相关关系。并且,相较于因果逻辑,效果逻辑对新颖型商业模式设计的正向影响作用更大。因此,在商业模式设计过程中,首先,新创企业应该意识到,因果逻辑所强调的以下原则有助于实现新颖型商业模式设计:对企业战略进行设计和计划、分析各种机会并从中选择回报率最高的、理性分析市场的竞争状况以制定清晰的目标、组织并实施控制过程以确保目标实现;其次,新创企业也应该认识到,效果逻辑所强调的以下原则对实现新颖型商业模式设计也有促进作用:充分利用手头资源、灵活应对意外事件、将风险控制在可承受的范围之内、注重与利益相关者建立合作关系、通过不断尝试找到合适的商业模式;最后,新创企业更应意识到,自身有限的资源基础决定了创业者更应该注重效果逻辑的作用。也就是说,在实现新颖型商业模式设计的过程中,新创企业不应过分以竞争性的态度来分析竞争对手,而更应该注重与具有承诺意愿的合作伙伴甚至顾客共同开发新产品或新机会,从而实现"双赢";当环境中出现意外事件时,新创企业不应完全将其视为风险而加以规避,而更应该把新出现的意外事件视作新的机会并善加利用;新创企业不应过分依赖理性的市场调研和预测,而更应该奉行控制逻辑,通过对手头资源的充分利用在一定程度上对难以预测的未来加以控制。

第二,研究发现,在需求不确定性水平较高的环境中,因果逻辑对新颖型商业模式设计的促进作用明显减弱,而效果逻辑对新颖型商业模式设计的促进作用明显增强。在竞争强度水平较高的环境中,因果逻辑对新颖型商业模式设计的促进作用明显增强，而效果逻辑对新颖型商业模式设计的促进作用明显削弱。这说明：当需求不确定性水平较高时，创业者更应注重效果逻辑的作用；而当行业内竞争程度较高时，创业者更应注重因果逻辑的作用。

例如，在用户需求高度不确定的环境下，支付宝从最初的"根植淘宝"发展到如今的"独立支付平台"，主要就是通过效果逻辑（强调试验和注重合作）的思维方式来不断维护和发展了支付平台的功能，持续地满足了用户"简单、安全、快速"的在线支付需求。目前，支付宝已从"单一的缴费服务"转型为"独立的支付平台"，这种新颖型的商业模式对传统银行带来的巨大冲击。具体来说，支付宝在成立之初，仅仅是针对淘宝购物的信用问题来解决网购用户的安全支付的需求。随后，在解决了淘宝的信用瓶颈之后，开始逐步向独立的支付平台发展。在此期间，支付宝注重加强与中国工商银行、中国农业银行、VISA等取得战略合作关系。在当时的网络消费处于初级发展阶段的背景下，用户采用支付宝来进行独立支付的需求既不明显，也缺乏拓展空间，淘宝仍是其单一的用户。为了满足更多用户群体的支付需求，支付宝通过试验的方式首先与南方航空达成了合作。在取得成功之后，随即逐步进入到公共事业性缴费领域（缴纳水、电、天然气费用等）、互联网企业的缴费领域（京东、亚马逊、携程等）、保险的缴费领域（友邦保险）等各个领域并最终取得了巨大的成功。

又如，在西安旅游行业竞争异常激烈的环境中，袁家村从最初的"烂杆村"发展到如今"中国乡村旅游现象级网红"，主要就是通过因果逻辑（在对旅游市场充分调研的基础上，挖掘到了旅游行业的真正痛点；在制定清晰发展规划的基础上严格落实）的思维方式实现了新颖型的商业模式设计并获得了巨大成功。具体来说，通过对西安发展成熟且竞争激烈的美食行业和旅游市场的充分调研与市场分析，袁家村识别到了中国旅游市场的现状和痛点："游客不缺钱，缺的是一份放心；旅游不缺好东西，缺的是一份信誉。"为了解决这一行业的需求痛点，袁家村另辟蹊径地规划了自身的发展路径并严格地执行和落实。具体表现在，首先，与传统旅游行业盈利模式（收取门票+商铺租金+各种体验项目的收入等）不同，袁家村借助互联网思维，通过对游客免费开放和对商户免费入驻的方式吸引了大量的游客和商家，并以关中美食为切入点进行了精准的市场定位；其次，通过各种途径来严格落实或执行之前制定的发展规划。例如，对所有入驻的商户采取考核入园、规范经营、定期考察、末位淘汰的方法,吸引了来自全国各地的优质商户入驻,从而在源头上严格把控了商户的品质;对商户的经营管理通过统一供应原材料、制定商户在服装等相关细节上的标准规范等方法,严格把控商户的经营质量;对供应给商户的农副产品打造品牌以树立高品质的餐饮形象并进一步拓展全国市场;最后,凭借对游客痛点的识别和需求的满足,打造了"古镇+餐饮"这一新颖型的商业模式并取得了巨大的成功。

第三,研究明确了在决策逻辑影响新颖型商业模式设计的过程中,经验性学习和获得性学习均发挥了部分的中介作用。并且,获得性学习相比较于经验性学习,发挥了更大的中介作用。因此,在实现新颖型商业模式设计的过程中,创业者既要注重"埋头拉车"(不断反思先前的失败行为、加强自身经验的积累、在实践中通过不断的试错积累有关价值创造的新知识。即经验性学习),又要注重"抬头看路"(经常与行业中的专业人士进行交流、常常关注同行业中成功企业的行为、经常参与各种正式和非正式的讨论会、经常阅读相关书籍并注重从成功的案例中不断学习以获取新颖型商业模式设计所需要的新知识,即获得性学习)。更重要的是,由于新创企业自身的资源基础薄弱,商业模式设计过程中面临着更高水平的环境不确定性,自身经验积累又是一个长期的缓慢过程。因此,为了能在激烈的市场竞争中更好、更快地实现新颖型商业模式设计,并获得生存和发展,"抬头看路"(获得性学习)的作用就显得尤为重要。例如,星巴克商业模式的成功,除了离不开其在咖啡领域积累的经验之外,更重要的是离不开其对"办公室""酒吧""专业零售店""画廊"这些其他领域的商业模式的借鉴和吸收;淘宝商业模式的成功也离不开其对Ebay商业模式的观察和模仿。

第四,研究发现,竞争强度会显著影响创业学习与新颖型商业模式设计间的关系。具体来说,在竞争强度高的环境中,获得性学习相比经验性学习,更有利于促进新颖型商业模式设计;另外,竞争强度也正向调节获得性学习在决策逻辑与新颖型商业模式设计间的中介作用。即竞争强度水平越高,获得性学习在决策逻辑和新颖型商业模式设计间发挥的中介效应越强。因此,对于创业者来说,在"埋头拉车"(经验性学习)或"抬头看路"(获得性学习)的过程中,应对市场表现出来的主要环境特征保持高度警惕。尤其是,当行业内竞争强度水平比较高时，创业者应该尤其重视获得性学习（经常与行业中的专业人士进行交流、常常关注同行业中"标杆"企业的行为、经常参与各种正式和非正式的讨论会、经常阅读相关书籍并注重从成功的案例中不断学习以获取新颖型商业模式设计所需要的新知识）的作用，才能更好地帮助新创企业实现新颖型商业模式设计。

第七章 结论与展望

第一节 研究的主要结论

本书在整合效果理论、组织学习理论、商业模式和环境不确定性相关文献的基础上,基于"认知—行为—结果"的逻辑主线,构建了决策逻辑影响新颖型商业模式设计的理论框架,探讨了创业学习在其中发挥的中介作用,以及市场不确定性所发挥的调节作用。研究提出了 24 条理论假设,并采用 159 家新创企业数据对所提出的理论假设进行了验证。通过研究主要得出以下结论:

(1)因果逻辑和效果逻辑均能促进新创企业实现新颖型商业模式设计,且效果逻辑发挥更大的促进作用。具体来说,因果逻辑和效果逻辑是创业者在实现新颖型商业模式设计过程中可以遵循的两种不同的决策逻辑。为了有效地实现新颖型商业模式设计,创业者不仅可以遵循因果逻辑的原则,强调理性设计的作用;还可遵循效果逻辑的原则,强调手段导向、试验、前期承诺的作用。另外,新创企业面临的高度不确定的外部环境、自身资源的短缺和经验的不足意味着,创业者应重点强调效果逻辑的作用,通过对商业模式的内容、结构或治理方式进行循序渐进的调整,并在不断的试错或试验中实现新颖型商业模式设计。

(2)市场不确定性会显著调节决策逻辑与新颖型商业模式设计间的关系。具体来说,需求不确定性削弱了因果逻辑对新颖型商业模式设计的促进作用,增强了效果逻辑对新颖型商业模式设计的促进作用；竞争强度增强了因果逻辑对新颖型商业模式设计的促进作用，削弱了效果逻辑对新颖型商业模式设计的促进作用。

（3）经验性学习和获得性学习均有助于新创企业实现新颖型商业模式设计，且相比较于经验性学习，获得性学习在促进新颖型商业模式设计方面发挥了更大的作用。另外，在决策逻辑影响新颖型商业模式设计的过程中，两种创业学习均发挥部分的中介作用，且相比较于经验性学习，获得性学习发挥了更大的中介作用。

（4）市场不确定性对创业学习和新颖型商业模式设计间的关系有显著的调节作用。并且，还对创业学习的中介作用产生显著的调节作用。具体来说，在竞争强度高的环境中，相比较于经验性学习，获得性学习在促进新颖型商业模式设计方面发挥更大作用；竞争强度正向调节获得性学习在决策逻辑与新颖型商业模式设计间的中介作用，即竞争强度水平越高，获得性学习在决策逻辑和新颖型商业模式设计间发挥的中介效应越强。

第二节　主要创新点

与以往研究相比，本书的创新点主要体现在以下三个方面：

第一，识别并验证了两种决策逻辑（因果逻辑和效果逻辑）对新颖型商业模式设计的不同影响，揭示了需求不确定性和竞争强度对"决策逻辑—新颖型商业模式设计"间关系的不同调节作用。当前研究对如何实现新颖型商业模式设计存在两种决策逻辑间的争论，而分析两种决策逻辑分别对新颖型商业模式设计的作用机理，并厘清各自的权变条件可在一定程度上解决当前的争论。首先，当前研究对决策逻辑如何影响新颖型商业模式设计缺乏分析和检验。基于效果理论，本书分析发现，两种决策逻辑均与新颖型商业模式设计呈正相关关系，然而效果逻辑的正向作用更强；其次，当前的权变因素研究均未进一步区分市场不确定性的类型，未能辨明不同形式的市场不确定性对不同决策逻辑作用发挥所产生的差

第七章 结论与展望

异化影响。本书在区分市场不确定性的基础上发现,需求不确定性削弱了因果逻辑的作用而增强了效果逻辑的作用,竞争强度增强了因果逻辑的作用而削弱了效果逻辑的作用。上述结论不仅在一定程度上解决了当前的观点争论,而且通过细分市场不确定性,探明了效果理论发挥作用的边界条件。

第二,探讨了创业学习在决策逻辑与新颖型商业模式设计关系中的中间传导效应,打开了决策逻辑与新颖型商业模式设计间关系的"黑箱"。为了解决当前研究中对如何实现新颖型商业模式设计存在的争论,并清晰地阐明决策逻辑与新颖型商业模式设计间的关系,理论研究还需要揭示决策逻辑影响新颖型商业模式设计的中间机理。以往研究不仅未对创业学习是否在决策逻辑与新颖型商业模式设计关系中发挥中介作用加以关注,而且忽视了创业学习的多维本质,难以真正阐明创业学习在商业模式设计过程中应有的作用。因此,基于效果理论和组织学习理论,在区分经验性学习和获得性学习的基础上,本书构建了决策逻辑通过两种创业学习的中介机制影响新颖型商业模式设计的理论模型。并通过对中介作用的比较进一步发现,相较于经验性学习,获得性学习能发挥更大的中介作用。上述结论不仅从过程视角拓展了效果理论,也为探析决策逻辑影响新颖型商业模式设计的内在机制提供了崭新的研究思路;而且还丰富了组织学习理论在创业研究领域的应用,更细致地阐明了新颖型商业模式设计的实现机理。

第三,构建了一个被调节的中介模型,揭示了市场不确定性对创业学习在决策逻辑与新颖型商业模式设计间的中介作用所发挥的调节作用。根据近年来学者们对中介过程"边界效应"的研究探索,本书结合市场不确定性的不同表现形式深入分析两者对创业学习中介作用产生的影响。以往研究认为,新颖型商业模式设计是一个学习过程,且学习效果受到市场不确定性的影响,但以往研究对如何根据不同类型的市场不确定选择匹配的学习方式缺乏深入分析。本书在区分市场不确定性的基础上发现,在竞争强度高的环境中,相较于经验性学习,获得性学习在促进新颖型商业模式设计方面发挥更大作用。并且,竞争强度水平越高,获得性学习在决策逻辑和新颖型商业模式设计间发挥的中介作用越强。这一结论不仅深化了对创业学习与新颖型商业模式设计间关系的认识,也探明了创业学习中介作用的边界条件,而且还进一步促进了两类研究"创业学习—新颖型商业模式设计"和"决策逻辑—新颖型商业模式设计"的交叉和融合,更推动了效果理论和组织学习理论的整合，丰富了商业模式研究的理论基础。

第三节　研究的局限性和未来研究展望

本书的局限性和未来研究展望主要表现在以下四个方面：

（1）样本数据收集可能存在一定的局限性。研究采用的样本数据是陕西省的新创企业，收集方式是面对面的问卷调研。尽管采用了严谨的问卷设计和数据回收的方法，尽可能兼顾不同行业类型、不同规模和不同年龄的新创企业，每个企业均选取两位被访者分别填写不同变量的题项，以尽可能降低共同方法偏差的影响。但由于实际条件的限制，在抽样范围方面可能存在一定的局限性。本书的样本均来自于同一省份，尽管样本已经尽可能地涵盖了陕西省不同地市的新创企业，但样本量仍存在一定的不足，未来研究应扩大数据收集的范围，分地区、分行业收集大样本数据，以进一步检验本书提出的假设。另外，本书的样本数据是在同一时间点收集的，采用的是横截面数据，可能会对变量之间的因果关系产生一定影响。未来研究可在此基础上，收集时间序列数据，并运用最终的面板数据来检验和探索这些变量间的因果关系。

（2）变量的测量可能存在一定的局限性。具体来说，对于因果逻辑和效果逻辑的测量，本书采用的是 Chandler 等（2011）开发的量表，尽管该量表已得到学者们的广泛采用（Parida 等，2016；Roach 等，2016；Smolka 等，2016；Cai 等，2017；Deligianni 等，2017），但是该量表将因果逻辑视为一个单维度的指标，而将效果逻辑视为一个二阶指标，在对比两者的差异方面可能存在一定的局限性（Brettel 等，2012；Daniel 等，2015；Werhahn 等，2015）。因此，未来研究可在上述研究的基础上，开发出有关因果逻辑和效果逻辑更有效的测量量表，并依据新的量表进一步检验本书提出的假设。

（3）本书是在区分因果逻辑和效果逻辑的差异性的基础上，探讨了两者对新颖型商业模式设计的作用机制，而两者间的相互作用也是值得进一步研究的问题。虽然大部分学者认同两者间是独立的正交关系，然而，通过因果逻辑所制定的目标可能会对效果逻辑产生间接的影响,效果逻辑的运用也可能在一定程度上对目标的完善或修正产生影响。因此,探讨两者间的相互作用可能有助于进一步深化效果理论,并指导新创企业更好地实现新颖型的商业模式设计。此外,在决策制定过程中两者有可能会同时出现。新创企业由于面临"新进入者缺陷"和合法性不足的困惑,自身所拥有的初始资源十分有限。因此,实现新颖型商业模式设计的过程中可能会存在两者间的平衡,到底在什么情境下应以某种决策逻辑为主导,在什么情境下同时加强两种决策逻辑也是未来值得探索的问题。

(4)新颖型商业模式设计的成功不仅受到新创企业内部自身的认知或学习等的影响,而且还受到外部因素的影响,例如,企业与外部不同的利益相关者间交叉或冲突的利益,不同的网络关系等。因此,同时关注内外部因素如何影响新颖型商业模式设计也是值得进一步探索的问题。另外,实践中,新颖型商业模式设计并不一定会带来企业绩效的提高,未来研究可进一步深入剖析新颖型商业模式设计影响企业绩效的中介机制和边界条件,从而更好地指导新创企业通过新颖型商业模式设计真正提升其绩效。

附　录

附录1　调查问卷A

企业家朋友，您好：

企业家这个群体是创造社会财富的主力群体，是个特别忙碌的群体。在百忙中恳请您放下手头的工作，让我们一起探索企业发展与企业家成长的思维模式与趋势。或许就在您浏览问卷的瞬间，将对您和您的企业未来发展引发新的认知与思考。谢谢您的责任、担当、智慧的付出与支持！

说明：这份调查所包含的陈述可能不是完全符合您的情况。对于每种陈述，选择最能代表您观点的答案。请您依靠第一感觉并且快速作答。一旦您确定了问题答案，请不要再回头更改。如果您因为某些原因不能对某些特殊问题进行回答，请您试着给出最佳判断并且继续进行下个问题。我们对所有的回答持有最高的信任。数据分析只在汇总层面上进行。

1. 请根据自身实际情况，选择您对以下描述的赞同程度。

（其中，1表示完全"不符合"；3表示"中立"；5表示"完全符合"；1~5表示变化程度。）

（1）对企业战略进行设计和计划	1	2	3	4	5
（2）分析各种机会并从中选择回报率最高的	1	2	3	4	5
（3）分析目标市场的竞争状况并做出选择	1	2	3	4	5
（4）我们有清晰和一致的目标	1	2	3	4	5
（5）组织并实施控制过程，以确保目标的实现	1	2	3	4	5
（6）提前计划生产与营销活动	1	2	3	4	5
（7）采用能够充分利用组织资源和能力的战略	1	2	3	4	5

2. 针对企业运营中的商业决策，您认为：

（1）在制定战略决策时，只征询少数好友和同事的意见	1	2	3	4	5
（2）我喜欢个人建议胜于统计资料	1	2	3	4	5
（3）在制定战略决策时，仅仅参考少数潜在顾客的反馈意见	1	2	3	4	5

3. 以下是关于认知的一些描述，请根据自身情况，选择您对以下描述的认可程度：

（1）我相信我的直觉	1	2	3	4	5
（2）依靠直觉能够很好地解决问题	1	2	3	4	5
（3）我喜欢依靠直觉行事	1	2	3	4	5
（4）我没有很好的直觉	1	2	3	4	5
（5）在决策过程中我通常较为相信自己的直觉	1	2	3	4	5
（6）依靠直觉总能够使我很好地解决生活中的问题	1	2	3	4	5

4. 创业者一般信息

（1）性别：□男　□女；　年龄：_____
（2）教育程度：①高中或中专；②大专；③本科；④硕士；⑤博士
（3）第一学历专业：□工科　□管理学　□文史类　□理学　□经济学　□法学　□医学
（4）最高学历专业：□工科　□管理学　□文史类　□理学　□经济学　□法学　□医学

续表

（5）在本次创业前，您有其他单位_____年的工作经验？
1）在_____家单位工作过（可多选）：□党政机关 □事业单位 □国有企业 □高校 □科研机构 □外企 □私企 □合资企业 □自己创业 □学生
2）做过的管理层级： □高级管理者 □中层管理者 □中层以下管理者
3）在管理岗位有_____年的工作经验？直接管理下属最多达_____人

（6）在本次创业前，您在以下各个职能领域内拥有的经验丰富程度：
（其中，1 表示"非常欠缺"；2 表示"欠缺"；3 表示"一般"；4 表示"丰富"；5 表示"非常丰富"）
1）销售/营销领域　　　　　1　2　3　4　5
2）研发/工程领域　　　　　1　2　3　4　5
3）制造/生产领域　　　　　1　2　3　4　5
4）财务/融资领域　　　　　1　2　3　4　5

5. 在创业过程中，请根据自身实际情况，选择您对以下描述的赞同程度：

（1）试验各种不同的产品和商业模式	1	2	3	4	5
（2）当前提供的产品/服务与最初设想的有很大差别	1	2	3	4	5
（3）尝试不同方法，直到找到适合的商业模式	1	2	3	4	5
（4）当机会出现时，允许做出改变以追求新机会	1	2	3	4	5
（5）确保组织行为和企业资源相匹配	1	2	3	4	5
（6）灵活地利用随时出现的机会	1	2	3	4	5
（7）常常保持行为的灵活性和适应性	1	2	3	4	5
（8）与顾客、供应商和其他企业达成协议以降低不确定性	1	2	3	4	5
（9）常常从顾客和供应商那里获得预先承诺	1	2	3	4	5
（10）我们的资源投入量取决于所能承受的损失	1	2	3	4	5
（11）我们的资金投入量不会超出初步设定的损失	1	2	3	4	5
（12）为确保企业的资金安全，我不会冒很大的资金风险	1	2	3	4	5
（13）当前提供的产品/服务与最初设想的几乎相同	1	2	3	4	5

附录 2　调查问卷 B

尊敬的企业负责人：

您好！我们是西安交通大学管理学院"新创企业成长与发展"课题组成员。感谢您在百忙之中放下手头的工作，与我们一起探索新创企业成长与发展的相关问题。本次调研的最终结果将与参与企业共享，争取使参加调研的企业受益。我们对您的真诚合作致以衷心的感谢。

企业一般信息：

1. 公司名称：	2. 邮箱地址：
3. 所处行业：□农、林、牧、渔业　□制造业　□批发和零售业　□信息技术服务业　□房地产　□租赁和商务服务业　□其他	

4. 贵公司创建于_____年（注册时间），现有员工总人数_____人，创业初期员工数_____人。

5. 公司的主要产品或服务所在产业当前的发展阶段是：（　　）
①投入阶段　②成长阶段　③成熟稳定阶段　④衰退阶段

6. 根据公司情况，请选择您对以下描述的赞同程度：

（其中 1 表示"完全不符合"；3 表示"中立"；5 表示"完全符合"；1~5 表示"变化程度"）

（1）公司拥有较强的技术能力和设备	1	2	3	4	5
（2）公司拥有较大的经济规模和丰富的技术经验	1	2	3	4	5
（3）公司拥有高效的制造部门	1	2	3	4	5

7. 关于企业所处的市场环境，请根据自身实际情况，选择您对以下描述的

赞同程度：

(1) 客户的需求和偏好变化很快	1	2	3	4	5
(2) 客户对产品忠诚度变化很快，时刻在寻找新产品	1	2	3	4	5
(3) 行业内现有产品的更新换代的速度越来越快	1	2	3	4	5
(4) 行业内经常有强大的竞争者进入	1	2	3	4	5
(5) 市场竞争状况难以预测	1	2	3	4	5
(6) 竞争对手之间竞争越来越激烈	1	2	3	4	5
(7) 企业的任何举动都会使竞争者快速反应	1	2	3	4	5

8. 关于创业过程中的行为，请根据自身实际情况，选择您对以下描述的赞同程度：

(1) 已有的经验（管理经验、创业经验等）对创业决策并不重要	1	2	3	4	5
(2) 不断反思先前的失败行为很重要	1	2	3	4	5
(3) 大部分经验来自于不断重复某些行为	1	2	3	4	5
(4) 失败行为并不可怕，关键在于能从中吸取教训	1	2	3	4	5
(5) 创业过程中持续搜集有关内、外部环境的信息	1	2	3	4	5
(6) 经常与行业中的专业人员进行交流	1	2	3	4	5
(7) 非常关注同行业中的"标杆"企业的行为	1	2	3	4	5
(8) 经常参与各种正式或非正式的讨论会	1	2	3	4	5
(9) 经常阅读相关书籍，学习行业相关优秀案例以获取有价值的创业信息	1	2	3	4	5

9. 关于企业过去三年中的商业模式，请选择您对以下描述的认可程度：

(1) 引入了新的合作者	1	2	3	4	5
(2) 代表了产品、服务和信息的新组合	1	2	3	4	5
(3) 采用新的方式激励合作伙伴	1	2	3	4	5
(4) 引入大量的、全新的、多样化合作伙伴	1	2	3	4	5
(5) 用新方式将各种参与者紧密联系起来	1	2	3	4	5

续表

（6）采用了新的交易方式	1	2	3	4	5
（7）创造了新的盈利方式	1	2	3	4	5
（8）创造了新的盈利点	1	2	3	4	5
（9）引入新的思想、方法和商品	1	2	3	4	5
（10）引入新的运作流程、惯例和规范	1	2	3	4	5
（11）总体来说，是非常新颖的	1	2	3	4	5

参考文献

[1] 蔡莉，单标安，汤淑琴等．创业学习研究回顾与整合框架构建［J］．外国经济与管理，2012，34（5）：1－8．

[2] 陈文沛．关系网络与创业机会识别：创业学习的多重中介效应［J］．科学学研究，2016，34（9）：1391－1396．

[3] 迟考勋，薛鸿博，杨俊等．商业模式研究中的认知视角述评与研究框架构建［J］．外国经济与管理，2016，38（5）：3－17．

[4] 单标安，蔡莉，鲁喜凤等．创业学习的内涵、维度及其测量［J］．科学学研究，2014，32（12）：1867－1875．

[5] 单标安．基于中国情境的创业网络对创业学习过程的影响研究［D］．吉林大学博士学位论文，2013．

[6] 方世建．试析效果逻辑的理论渊源、核心内容与发展走向［J］．外国经济与管理，2012，34（1）：10－16．

[7] 郭润萍．手段导向、知识获取与新企业创业能力的实证研究［J］．管理科学，2016，29（3）：13－23．

[8] 胡海青，王兆群，张颖颖等．创业网络、效果推理与新创企业融资绩效关系的实证研究——基于环境动态性调节分析［J］．管理评论，2017，29（6）：61－72．

[9] 江积海．商业模式是"新瓶装旧酒"吗？学术争议、主导逻辑及理论基础［J］．研究与发展管理，2015，27（2）：12－24．

[10] 李雪灵，韩自然，董保宝等．获得式学习与新企业创业：基于学习导向视

角的实证研究［J］. 管理世界, 2013 (4): 94 - 106.

[11] 庞长伟, 李垣, 段光. 整合能力与企业绩效: 商业模式创新的中介作用［J］. 管理科学, 2015, 28 (5): 31 - 41.

[12] 彭泗清, 李兰, 潘建成等. 经济转型与创新: 认识、问题与对策——2013 中国企业家成长与发展专题调查报告［J］. 管理世界, 2013 (9): 9 - 20.

[13] 彭学兵, 王乐, 刘玥伶等. 创业网络、效果推理型创业资源整合与新创企业绩效关系研究［J］. 科学学与科学技术管理, 2017, 38 (6): 157 - 170.

[14] 秦剑. 基于创业研究视角的效果推理理论及实证研究前沿探析与未来展望［J］. 外国经济与管理, 2010, 32 (7): 1 - 7.

[15] 秦剑. 基于效果推理理论的创业实证研究及量表开发前沿探析与未来展望［J］. 外国经济与管理, 2011, 33 (6): 1 - 8.

[16] 汪寿阳, 敖敬宁, 乔晗等. 基于知识管理的商业模式冰山理论［J］. 管理评论, 2015, 27 (6): 3 - 10.

[17] 王雪冬, 董大海. 商业模式创新概念研究述评与展望［J］. 外国经济与管理, 2013, 35 (11): 29 - 36.

[18] 魏泽龙, 宋茜, 权一鸣. 开放学习与商业模式创新: 竞争环境的调节作用［J］. 管理评论, 2017, 29 (12): 27 - 38.

[19] 吴隽, 张建琦, 刘衡等. 新颖型商业模式创新与企业绩效: 效果推理与因果推理的调节作用［J］. 科学学与科学技术管理, 2016, 37 (4): 59 - 69.

[20] 吴晓波, 赵子溢. 商业模式创新的前因问题: 研究综述与展望［J］. 外国经济与管理, 2017, 39 (1): 114 - 127.

[21] 张红, 葛宝山. 创业学习、机会识别与商业模式——基于珠海众能的纵向案例研究［J］. 科学学与科学技术管理, 2016, 37 (6): 123 - 136.

[22] 张明, 江旭, 高山行. 战略联盟中组织学习、知识创造与创新绩效的实证研究［J］. 科学学研究, 2008, 26 (4): 868 - 873.

[23] 张文伟, 赵文红. 行业内外联系、创业学习和创业绩效的关系研究［J］. 科学学与科学技术管理, 2017, 38 (4): 162 - 171.

[24] 张玉利,赵都敏.手段导向理性的创业行为与绩效关系[J].系统管理学报,2009,18(6):631-637.

[25] 郑秀芝,龙丹.基于过程观的创业决策研究述评与展望[J].外国经济与管理,2012,34(8):11-17.

[26] 朱秀梅,张婧涵,肖雪.国外创业学习研究演进探析及未来展望[J].外国经济与管理,2013,35(12):20-30.

[27] Achrol R S, Stern L W. Environmental Determinants of Decision-making Uncertainty in Marketing Channels [J]. Journal of Marketing Research, 1988, 25(1): 36-50.

[28] Achtenhagen L, Melin L, Naldi L. Dynamics of Business Models – strat Egizing, Critical Capabilities and Activities for Sustained Value Creation [J]. Long Range Planning, 2013, 46(6): 427-442.

[29] Adner R, Kapoor R. Value Creation in Innovation Ecosystems: How the Structure of Technological Interdependence Affects Firm Performance in New Technology Generations [J]. Strategic Management Journal, 2010, 31(3): 306-333.

[30] Adner R. Match Your Innovation Strategy to Your Innovation Ecosystem [J]. Harvard Business Review, 2006, 84(4): 98-107.

[31] Alvarez S A, Barney J B. How do Entrepreneurs Organize Firms under Conditions of Uncertainty? [J]. Journal of Management, 2005, 31(5): 776-793.

[32] Amit R, Zott C. Crafting Business Architecture: The Antecedents of Business Model Design [J]. Strategic Entrepreneurship Journal, 2015, 9(4): 331-350.

[33] Amit R, Zott C. Creating Value Through Business Model Innovation [J]. Sloan Management Review, 2012, 53(3): 41-49.

[34] Amit R, Zott C. Value Creation in E-business [J]. Strategic Management Journal, 2001, 22(6-7): 493-520.

[35] Anderson E, Schmittlein D C. Integration of the Sales Force: An Empirical Examination [J]. The Rand Journal of Economics, 1984, 15(3): 385-395.

[36] Andries P, Debackere K, Looy B. Simultaneous Experimentation as a Learning Strategy: Business Model Development under Uncertainty [J]. Strategic Entrepreneurship Journal, 2013, 7 (4): 288-310.

[37] Andries P, Debackere K. Adaptation and Performance in New Businesses: Understanding the Moderating Effects of Independence and Industry [J]. Small Business Economics, 2007, 29 (1-2): 81-99.

[38] Andries P, Debackere K. Business Model Innovation: Propositions on the Appropriateness of Different Learning Approaches [J]. Creativity & Innovation Management, 2013, 22 (4): 337-358.

[39] Antoncic B, Hisrich R D. Intrapreneurship: Construct Refinement and Cross-cultural Validation [J]. Journal of Business Venturing, 2001, 16 (5): 495-527.

[40] Appelhoff D, Mauer R, Collewaert V, et al. The Conflict Potential of the Entrepreneur's Decision-making Style in the Entrepreneur-investor Relationship [J]. International Entrepreneurship and Management Journal, 2016, 12 (2): 601-623.

[41] Arend R J, Sarooghi H, Burkemper A. Effectuation as Ineffectual? Applying the 3E Theory-assessment Framework to a Proposed new Theory of Entrepreneurship [J]. Academy of Management Review, 2015, 40 (4): 630-651.

[42] Argote L, Miron Spektor E. Organizational Learning: From Experience to Knowledge [J]. Organization Science, 2011, 22 (5): 1123-1137.

[43] Argyris C, Schon D. Organizational Learning: A Theory of Action Approach [M]. Reading, MA: Addision Wesley, 1978.

[44] Ashill N J, Jobber D. Measuring State, Effect, and Response Uncertainty: Theoretical Construct Development and Empirical Validation [J]. Journal of Management, 2010, 36 (5): 1278-1308.

[45] Atuahene-Gima K, Murray J Y. Exploratory and Exploitative Learning in New Product Development: A Social Capital Perspective on New Technology Ventures in China [J]. Journal of International Marketing, 2007, 15 (2): 1-29.

[46] Bain J S. Barriers to New Competition [M]. Cambridge, MA: Harvard University Press, 1956.

[47] Bandura A. Social Learning Theory [M]. Englewood Cliffs, NJ: Prentice-Hall, 1977.

[48] Bao Y, Chen X, Zhou K Z. External Learning, Market Dynamics, and Radical Innovation: Evidence from China's High-tech Firms [J]. Journal of Business Research, 2012, 65 (8): 1226-1233.

[49] Barney J. Firm Resources and Sustained Competitive Advantage [J]. Journal of Management, 1991, 17 (1): 99-120.

[50] Baron R A. Effectual Versus Predictive Logics in Entrepreneurial Decision Making: Differences Between Experts and Novices: Does Experience in Starting New Ventures Change the Way Entrepreneurs Think? Perhaps, But for Now, "Caution" is Essential [J]. Journal of Business Venturing, 2009, 24 (4): 310-315.

[51] Baron R M, Kenny D A. The Moderator-mediator Variable Distinction in Social Psychological Research: Conceptual, Strategic, and Statistical Considerations [J]. Journal of Personality and Social Psychology, 1986, 51 (6): 1173-1182.

[52] Baum J, Ah C, Li S X, Usher J M. Making the Next Move: How Experiential and Vicarious Learning Shape the Locations of Chain's Acquisitions [J]. Administrative Science Quarterly, 2000, 45 (4): 766-801.

[53] Baum J R, Locke E A, Smith K G. A Multidimensional Model of Venture Growth [J]. Academy of Management Journal, 2001, 44 (2): 292-303.

[54] Beckman C M, Haunschild P R, Phillips D J. Friends or Strangers? Firm-specific Uncertainty, Market Uncertainty, and Network Partner Selection [J]. Organization Science, 2004, 15 (3): 259-275.

[55] Berends H, Jelinek M, Reymen I, et al. Product Innovation Processes in Small Firms: Combining Entrepreneurial Effectuation and Managerial Causation [J]. Journal of Product Innovation Management, 2014, 31 (3): 616-635.

[56] Berends H, Smits A, Reymen I, et al. Learning While Configuring: Business Model Innovation Processes in Established Firms [J]. Strategic Organization, 2016, 14 (3): 181-219.

[57] Bigliardi B, Nosella A, Verbano C. Business Models in Italian Biotechnology Industry: A Quantitative Analysis [J]. Technovation, 2005, 25 (11): 1299-1306.

[58] Bingham C B, Eisenhardt K M, Furr N R. What Makes a Process a Capability? Heuristics, Strategy, and Effective Capture of Opportunities [J]. Strategic Entrepreneurship Journal, 2007, 1 (1-2): 27-47.

[59] Bourgeois L J. Strategy and Environment: A Conceptual Integration [J]. Academy of Management Review, 1980, 5 (1): 25-39.

[60] Brettel M, Mauer R, Engelen A, et al. Corporate Effectuation: Entrepreneurial Action and its Impact on R&D Project Performance [J]. Journal of Business Venturing, 2012, 27 (2): 167-184.

[61] Brettel M, Rottenberger J D. Examining the Link Between Entrepreneurial Orientation and Learning Processes in Small and Medium-sized Enterprises [J]. Journal of Small Business Management, 2013, 51 (4): 471-490.

[62] Brinckmann J, Kim S M. Why We Plan: The Impact of Nascent Entrepreneurs' Cognitive Characteristics and Human Capital on Business Planning [J]. Strategic Entrepreneurship Journal, 2015, 9 (2): 153-166.

[63] Bstieler L, Gross C W. Measuring the Effect of Environmental Uncertainty on Process Activities, Project Team Characteristics, and New Product Success [J]. Journal of Business & Industrial Marketing, 2003, 18 (2): 146-161.

[64] Bstieler L. The Moderating Effect of Environmental Uncertainty on New Product Development and Time Efficiency [J]. Journal of Product Innovation Management, 2005, 22 (3): 267-284.

[65] Busenitz L, Barney J. Differences Between Entrepreneurs and Managers in Large Organizations: Biases and Heuristics in Strategic Decision-making [J]. Journal of Business Venturing, 1997, 12 (1): 9-30.

[66] Buvik A, Grønhaug K. Inter-firm Dependence, Environmental Uncertainty and Vertical Co-ordination in Industrial Buyer-seller Relationships [J]. International Journal of Management Science, 2000, 28 (4): 445-454.

[67] Cai L, Guo R, Fei Y, et al. Effectuation, Exploratory Learning and New Venture Performance: Evidence from China [J]. Journal of Small Business Management, 2017, 55 (3): 388-403.

[68] Camuffo A, Furlan A, Rettore E. Risk Sharing in Supplier Relations: An Agency Model for the Italian Air-conditioning Industry [J]. Strategic Management Journal, 2007, 28 (12): 1257-1266.

[69] Cangelosi V E, Dill W R. Organizational Learning: Observations Toward a Theory [J]. Administrative Science Quarterly, 1965, 10 (2): 175-203.

[70] Carswell M, Rae D. Using a Life-story Approach in Researching Entrepreneurial Learning: The Development of a Conceptual Model and Its Implications in the Design of Learning Experiences [J]. Education & Training, 2000, 42 (4/5): 220-228.

[71] Casadesus-Masanell R, Ricart J E. From Strategy to Business Models and Onto Tactics [J]. Long Range Planning, 2010, 43 (2): 195-215.

[72] Casadesus-Masanell R, Zhu F. Business Model Innovation and Competitive Imitation: The Case of Sponsor-based Business Models [J]. Strategic Management Journal, 2013, 34 (4): 464-482.

[73] Chandler G N, Detienne D R, Mckelvie A, et al. Causation and Effectuation Processes: A Validation Study [J]. Journal of Business Venturing, 2011, 26 (3): 375-390.

[74] Chandler G N, Jansen E. The Founder's Self-assessed Competence and Venture Performance [J]. Journal of Business Venturing, 1992, 7 (3): 223-236.

[75] Chandler G N, Lyon D W. Involvement in Knowledge-acquisition Activities by Venture Team Members and Venture Performance [J]. Entrepreneurship Theory & Practice, 2009, 33 (3): 571-592.

[76] Chesbrough H, Rosenbloom R S. The Role of the Business Model in Capturing Value from Innovation: Evidence from Xerox Corporation's Technology Spin-off Companies [J]. Social Science Electronic Publishing, 2002, 11 (3): 529–555.

[77] Chesbrough H, Shan A, Finn M, et al. Business Models for Technology in the Developing World: The Role of Non-governmental Organizations [J]. California Management Review, 2006, 48 (3): 48–61.

[78] Chesbrough H. Business Model Innovation: Opportunities and Barriers [J]. Long Range Planning, 2010, 43 (2): 354–363.

[79] Chesbrough H. Open Innovation [M]. Cambridge, MA: Harvard University Press, 2003.

[80] Chesbrough H W. Why Companies Should Have Open Business Models [J]. MIT Sloan Management Review, 2007, 48 (2): 22–28.

[81] Chetty S, Ojala A, Leppäaho T. Effectuation and Foreign Market Entry of Entrepreneurial Firms [J]. European Journal of Marketing, 2015, 49 (9–10): 1436–1459.

[82] Chiles T H, Bluedorn A C, Gupta V K. Beyond Creative Destruction and Entrepreneurial Discovery: A Radical Austrian Approach to Entrepreneurship [J]. Organization Studies, 2007, 28 (4): 467–493.

[83] Choudhury P, Haas M R. Scope Versus Speed: Team Diversity, Leader Experience, and Patenting Outcomes for Firms [J]. Strategic Management Journal, 2018, 39 (4): 977–1002.

[84] Christensen C M, Bower J L. Customer Power, Strategic Investment, and the Failure of Leading Firms [J]. Strategic Management Journal, 2015, 17 (3): 197–218.

[85] Cohen M D, Bacdayan P. Organizational Routines are Stored as Procedural Memory: Evidence from a Laboratory Study [J]. Organization Science, 1994, 5 (4): 554–568.

[86] Coltman T, Devinney T M, Midgley D F, et al. Formative Versus Reflective

Measurement Models: Two Applications of Formative Measurement [J]. Journal of Business Research, 2008, 61 (12): 1250 – 1262.

[87] Cooper A C, Gimeno – Gascon F J, Woo C Y. Initial Human and Financial Capital as Predictors of New Venture Performance [J]. Journal of Business Venturing, 1994, 9 (5): 371 – 395.

[88] Cope J. Entrepreneurial Learning and Critical Reflection Discontinuous Events as Triggers for "Higher – level" Learning [J]. Management Learning, 2003, 34 (34): 429 – 450.

[89] Cope J P. Towards a Dynamic Learning Perspective of Entrepreneurship [J]. Entrepreneurship Theory & Practice, 2005, 29 (4): 373 – 397.

[90] Corbett A C. Learning Asymmetries and the Discovery of Entrepreneurial Opportunities [J]. Journal of Business Venturing, 2007, 22 (1): 97 – 118.

[91] Corner P D, Ho M. How Opportunities Develop in Social Entrepreneurship [J]. Entrepreneurship Theory & Practice, 2010, 34 (4): 635 – 659.

[92] Cortimiglia M N, Ghezzi A, Frank A G. Business Model Innovation and Strategy Making Nexus: Evidence from a Cross – industry Mixed – methods Study [J]. R&D Management, 2016, 46 (3): 414 – 432.

[93] Coviello N E, Joseph R M. Creating Major Innovations with Customers: Insights from Small and Young Technology Firms [J]. Journal of Marketing, 2012, 76 (6): 87 – 104.

[94] Covin J G, Slevin D P. A Conceptual Model of Entrepreneurship as Firm Behavior [J]. Entrepreneurship: Theory & Practice, 1991, 16 (1): 7 – 25.

[95] Covin J G, Slevin D P. New Venture Strategic Posture, Structure, and Performance: An Industry Life Cycle Analysis [J]. Journal of Business Venturing, 1990, 5 (2): 123 – 135.

[96] Covin J G, Slevin D P. Strategic Management of Small Firms in Hostile and Benign Environments [J]. Strategic Management Journal, 1989, 10 (1): 75 – 87.

[97] Crossan M M, Lane H W, White R E. An Organizational Learning Framework:

From Intuition to Institution [J]. Academy of Management Review, 1999, 24 (3): 522 – 537.

[98] Cucculelli M, Bettinelli C. Business Models, Intangibles and Firm Performance: Evidence on Corporate Entrepreneurship from Italian Manufacturing SMEs [J]. Small Business Economics, 2015, 45 (2): 329 – 350.

[99] Daniel E M, Domenico M D, Sharma S. Effectuation and Home – based online Business Entrepreneurs [J]. International Small Business Journal, 2015, 33 (8): 799 – 823.

[100] Deakins D, Freel M. Entrepreneurial Learning and the Growth Process in SMEs [J]. Learning Organization: An International Journal, 1998, 5 (3): 144 – 155.

[101] Dean J J W, Snell S A. The Strategic Use of Integrated Manufacturing: An Empirical Examination [J]. Strategic Management Journal, 1996, 17 (6): 459 – 480.

[102] Deligianni I, Voudouris I, Lioukas S. Do Effectuation Processes Shape the Relationship Between Product Diversification and Performance in NewVentures [J]. Entrepreneurship Theory & Practice, 2017, 41 (3): 891 – 893.

[103] Delmar F, Shane S. Does Business Planning Facilitate the Development of New Ventures [J]. Strategic Management Journal, 2003, 24 (12): 1165 – 1185.

[104] Demil B, Lecocq X, Ricart J E, et al. Introduction to the SEJ Special Issue on Business Models: Business Models Within the Domain of Strategic Entrepreneurship [J]. Strategic Entrepreneurship Journal, 2015, 9 (1): 1 – 11.

[105] Demil B, Lecocq X. Business Model Evolution: In Search of Dynamic Consistency [J]. Long Range Planning, 2010, 43 (2 – 3): 227 – 246.

[106] Denrell J. Vicarious Learning, Undersampling of Failure, and the Myths of Management [J]. Organization Science, 2003, 14 (3): 227 – 243.

[107] DeSarbo W S, Benedetto C A D, Song M, et al. Revisiting the Miles and Snow Strategic Framework: Uncovering Interrelationships Between Strategic Types, Capabilities, Environmental Uncertainty, and Firm Performance [J]. Strate-

gic Management Journal, 2010, 26 (1): 47 – 74.

[108] Dess G G, Beard D W. Dimensions of Organizational Task Environments [J]. Administrative Science Quarterly, 1984, 29 (1): 52 – 73.

[109] Dew N, Read S, Sarasvathy S D, et al. Effectual Versus Predictive Logics in Entrepreneurial Decision – making: Differences Between Experts and Novices [J]. Journal of Business Venturing, 2009, 24 (4): 287 – 309.

[110] Dew N, Read S, Sarasvathy S D, et al. Outlines of a Behavioral Theory of the Entrepreneurial Firm [J]. Journal of Economic Behavior & Organization, 2008a, 66 (1): 37 – 59.

[111] Dew N, Sarasvathy S D, Read S, et al. Immortal Firms in Mortal Markets? An Entrepreneurial Perspective on the "Innovator's Dilemma" [J]. European Journal of Innovation Management, 2008b, 11 (3): 313 – 329.

[112] Dodgson M. Organizational Learning: A Review of Some Literatures [J]. Organization Studies, 1993, 14 (3): 375 – 394.

[113] Doty D H, Bhattacharya M, Wheatley K K, et al. Divergence Between Informant and Archival Measures of the Environment: Real Differences, Artifact, or Perceptual Error [J]. Journal of Business Research, 2006, 59 (2): 268 – 277.

[114] Doz Y L, Kosonen M. Embedding Strategic Agility: A Leadership Agenda for Accelerating Business Model Renewal [J]. Long Range Planning, 2010, 43 (2): 370 – 382.

[115] Drucker P F. The Discipline of Innovation [J]. Harvard Business Review, 1998, 76 (6): 149 – 157.

[116] Duffy M K, Scott K L, Shaw J D, et al. A Social Context Model of Envy and Social Undermining [J]. Academy of Management Journal, 2012, 55 (3): 643 – 666.

[117] Duncan R B. Characteristics of Organizational Environments and Perceived Environmental Uncertainty [J]. Administrative Science Quarterly, 1972, 17 (3): 313 – 327.

[118] Edwards J R, Lambert L S. Methods for Integrating Moderation and Mediation: A General Analytical Framework Using Moderated Path Analysis [J]. Psychological Methods, 2007, 12 (1): 1-22.

[119] Ehret M, Kashyap V, Wirtz J. Business Models: Impact on Business Markets and Opportunities for Marketing Research [J]. Industrial Marketing Management, 2013, 42 (5): 649-655.

[120] Epstein S, Pacini R, Denes-Raj V, et al. Individual Differences in Intuitive-experiential and Analytical-rational Thinking Styles [J]. Journal of Personality and Social Psychology, 1996, 71 (2): 390-405.

[121] Fink R C, James W L, Hatten K J. Duration and Relational Choices: Time Based Effects of Customer Performance and Environmental Uncertainty on Relational Choice [J]. Industrial Marketing Management, 2008, 37 (4): 367-379.

[122] Fiol C M, Lyles M A. Organizational Learning [J]. Academy of Management Review, 1985, 10 (4): 803-813.

[123] Fisher G. Effectuation, Causation, and Bricolage: A Behavioral Comparison of Emerging Theories in Entrepreneurship Research [J]. Entrepreneurship Theory & Practice, 2012, 36 (5): 1019-1051.

[124] Forbes D P. Managerial Determinants of Decision Speed in new Ventures [J]. Strategic Management Journal, 2005, 26 (4): 355-366.

[125] Ford J K, MacCallum R C, Tait M. The Application of Exploratory Factor Analysis in Applied Psychology: A Critical Review and Analysis [J]. Personnel Psychology, 1986, 39 (2): 291-314.

[126] Fornell C, Larcker D F. Evaluating Structural Equation Models with Unobservable Variables and Measurement Error [J]. Journal of Marketing Research, 1981, 18 (1): 39-50.

[127] Foss N J, Saebi T. Fifteen Years of Research on Business Model Innovation: How Far Have We Come, and Where Should We Go [J]. Journal of Management, 2017, 43 (1): 200-227.

[128] Franke N, Gruber M, Harhoff D, et al. Venture Capitalists' Evaluations of Start – up Teams: Trade – offs, Knock – out Criteria, and the Impact of VC Experience [J]. Entrepreneurship Theory & Practice, 2010, 32 (3): 459 – 483.

[129] Frankenberger K, Weiblen T, Gassmann O. The Antecedents of Open Business Models: An Exploratory Study of Incumbent Firms [J]. R&D Management, 2014, 44 (2): 173 – 188.

[130] Futterer F, Schmidt J, Heidenreich S. Effectuation or Causation as the Key to Corporate Venture Success? Investigating Effects of Entrepreneurial Behaviors on Business Model Innovation and Venture Performance [J]. Long Range Planning, 2018, 51 (1): 64 – 81.

[131] Gaedeke R M, Tootelian D H. The Fortune "500" List – An Endangered Species for Academic Research [J]. Journal of Business Research, 1976, 4 (3): 283 – 288.

[132] Gavetti G, Levinthal D. Looking Forward and Looking Backward: Cognitive and Experiential Search [J]. Administrative Science Quarterly, 2000, 45 (1): 113 – 137.

[133] Gavetti G, Rivkin J W. On the Origin of Strategy: Action and Cognition Over Time [J]. Organization Science, 2007, 18 (3): 420 – 439.

[134] George G, Bock A J. The Business Model in Practice and Its Implications for Entrepreneurship Research [J]. Entrepreneurship Theory & Practice, 2011, 35 (1): 83 – 111.

[135] Gerasymenko V, De Clercq D, Sapienza H J. Changing the Business Model: Effects of Venture Capital Firms and Outside CEOs on Portfolio Company Performance [J]. Strategic Entrepreneurship Journal, 2015, 9 (1): 79 – 98.

[136] Gerloff E A, Nan K M, Bodensteiner W D. Three Components of Perceived Environmental Uncertainty: An Exploratory Analysis of the Effects of Aggregation [J]. Journal of Management, 1991, 17 (4): 749 – 768.

[137] Geroski P A, Mata J, Portugal P. Founding Conditions and the Survival of New

Firms [J]. Strategic Management Journal, 2010, 31 (5): 510-529.

[138] Goel S, Karri R. Entrepreneurs, Effectual Logic, and Over-trust [J]. Entrepreneurship Theory & Practice, 2006, 30 (4): 477-493.

[139] Goh S, Richards G. Benchmarking the Learning Capability of Organizations [J]. European Management Journal, 1997, 15 (5): 575-583.

[140] Grant R M. Toward a Knowledge-based Theory of the Firm [J]. Strategic Management Journal, 1996, 17 (2): 109-122.

[141] Gupta V K, Chiles T H, Mcmullen J S. A Process Perspective on Evaluating and Conducting Effectual Entrepreneurship Research [J]. Academy of Management Review, 2016, 41 (3): 540-544.

[142] Hamilton B H, Nickerson J A. Correcting for Endogeneity in Strategic Management Research [J]. Strategic Organization, 2003, 1 (1): 51-78.

[143] Han J K, Kim N, Srivastava R K. Market Orientation and Organizational Performance: Is Innovation a Missing Link [J]. Journal of Marketing, 1998, 62 (4): 30-45.

[144] Harrison R T, Leitch C M. Entrepreneurial Learning: Researching the Interface Between Learning and the Entrepreneurial Context [J]. Entrepreneurship Theory & Practice, 2005, 29 (4): 351-371.

[145] Hatch N W, Dyer J H. Human Capital and Learning as a Source of Sustainable Competitive Advantage [J]. Strategic Management Journal, 2004, 25 (12): 1155-1178.

[146] Hayes A F. Introduction to Mediation, Moderation, and Conditional Process Analysis: A Regression-based Approach [M]. New York: Guilford Press, 2013.

[147] Hedman J, Kalling T. The Business Model Concept: Theoretical Underpinnings and Empirical Illustrations [J]. European Journal of Information Systems, 2003, 12 (1): 49-59.

[148] Holcomb T R, Ireland R D, Holmes Jr R M, et al. Architecture of Entrepreneurial Learning: Exploring the Link Among Heuristics, Knowledge, and Ac-

tion [J]. Entrepreneurship Theory and Practice, 2009, 33 (1): 167 – 192.

[149] Hough J R, White M A. Scanning Actions and Environmental Dynamism: Gathering Information for Strategic Decision Making [J]. Management Decision, 2004, 42 (6): 781 – 793.

[150] Houston F S. The Marketing Concept: What It Is and What it is Not [J]. Journal of Marketing, 1986, 50 (2): 81 – 87.

[151] Huber G P. Organizational Learning: The Contributing Processes and the Literatures [J]. Organization Science, 1991, 2 (1): 88 – 115.

[152] Ireland R D, Covin J G, Kuratko D F. Conceptualizing Corporate Entrepreneurship Strategy [J]. Entrepreneurship Theory and Practice, 2009, 33 (1): 19 – 46.

[153] Jaworski B J, Kohli A K. Market Orientation: Antecedents and Consequences [J]. Journal of Marketing, 1993, 57 (3): 53 – 71.

[154] Jiang Y, Rüling C C. Opening the Black Box of Effectuation Processes: Characteristics and Dominant Types [J]. Entrepreneurship Theory and Practice, 2017.

[155] Johnson M W, Christensen C M, Kagermann H. Reinventing Your Bsiness Model [J]. Harvard Business Review, 2008, 86 (12): 57 – 68.

[156] Kaish S, Gilad B. Characteristics of Opportunities Search of Entrepreneurs Versus Executives: Sources, Interests, General Alertness [J]. Journal of Business Venturing, 1991, 6 (1): 45 – 61.

[157] Kang J H, Matusik J G, Kim T Y, et al. Interactive Effects of Multiple Organizational Climates on Employee Innovative Behavior in Entrepreneurial Firms: A Cross – level Investigation [J]. Journal of Business Venturing, 2016, 31 (6): 628 – 642.

[158] Karimi J, Somers T M, Gupta Y P. Impact of Environmental Uncertainty and Task Characteristics on User Satisfaction with Data [J]. Information Systems Research, 2004, 15 (2): 175 – 193.

[159] Karri R, Goel S. Effectuation and Over-trust: Response to Sarasvathy and Dew [J]. Entrepreneurship Theory & Practice, 2008, 32 (4): 739-748.

[160] Kim J Y J, Miner A S. Vicarious Learning from the Failures and Near-failures of Others: Evidence from the US Commercial Banking Industry [J]. Academy of Management Journal, 2007, 50 (3): 687-714.

[161] Kirzner I. Competition and Entrepreneurship [M]. Chicago: University of Chicago Press, 1973.

[162] Knight F H. Risk, Uncertainty and Profit [M]. New York: Houghton Mifflin, 1921.

[163] Kogut B, Zander U. What Firms do? Coordination, Identity, and Learning [J]. Organization Science, 1996, 7 (5): 502-518.

[164] Kohli A K, Jaworski B J. Market Orientation: The Construct, Research Propositions, and Managerial Implications [J]. The Journal of Marketing, 1990, 54 (2): 1-18.

[165] Kolb D A, Boyatzis R E, Mainemelis C. Experiential Learning Theory: Previous Research and New Directions [J]. Perspectives on Thinking, Learning, and Cognitive Styles, 2001, 1 (8): 227-247.

[166] Kolb D A. Experiential Learning: Experience as the Source of Learning and Development [M]. Englewood Cliffs: Prentice Hall, 1984.

[167] Kreiser P M. Entrepreneurial Orientation and Organizational Learning: The Impact of Network Range and Network Closure [J]. Entrepreneurship Theory & Practice, 2011, 35 (5): 1025-1050.

[168] Laine I, Galkina T. The Interplay of Effectuation and Causation in Decision Making: Russian SMEs under Institutional Uncertainty [J]. International Entrepreneurship and Management Journal, 2017, 13 (3): 905-941.

[169] Lal M, Hassel L. The Joint Impact of Environmental Uncertainty and Tolerance of Ambiguity on Top Managers' Perceptions of the Usefulness of Non-conventional Management Accounting Information [J]. Scandinavian Journal of Management, 1998, 14 (3): 259-271.

[170] Lamont L M. What Entrepreneurs Learn from Experience [J]. Journal of Small Business Management, 1972, 10 (3): 36 –41.

[171] Lans T, Biemans H, Verstegen J, et al. The Influence of the Work Environment on Entrepreneurial Learning of Small – business Owners [J]. Management Learning, 2008, 39 (5): 597 –613.

[172] Lant T K, Milliken F J, Batra B. The Role of Managerial Learning and Interpretation in Strategic Persistence and Reorientation: An Empirical Exploration [J]. Strategic Management Journal, 1992, 13 (8): 585 –608.

[173] Lapré M A, Wassenhove L N V. Creating and Transferring Knowledge for Productivity Improvement in Factories [J]. Management Science, 2001, 47 (10): 1311 –1325.

[174] Lawrence P R, Lorsch J W. Organization and Environment: Managing Differentiation and Integration [J]. Administrative Science Quarterly, 1967, 13 (1): 3459 –3465.

[175] Lechner U, Hummel J. Business Models and System Architectures of Virtual Communities: From a Sociological Phenomenon to Peer – to – peer Architectures [J]. International Journal of Electronic Commerce, 2002, 6 (3): 41 –53.

[176] Lee H U, Park J H. The Influence of Top Management Team International Exposure on International Alliance Formation [J]. Journal of Management Studies, 2008, 45 (5): 961 –981.

[177] Lévesque M, Minniti M, Shepherd D. Entrepreneurs' Decisions on Timing of Entry: Learning from Participation and from the Experiences of Others [J]. Entrepreneurship Theory and Practice, 2009, 33 (2): 547 –570.

[178] Levitt B, March J G. Organizational Learning [J]. Annual Review of Sociology, 1988, 14 (1): 319 –338.

[179] Li D, Liu J. Dynamic Capabilities, Environmental Dynamism, and Competitive Advantage: Evidence from China [J]. Journal of Business Research, 2014, 67 (1): 2793 –2799.

[180] Li H, Atuahene – Gima K. The Adoption of Agency Business Activity, Product

Innovation, and Performance in Chinese Technology Ventures [J]. Strategic Management Journal, 2002, 23 (6): 469 -490.

[181] Li H, Bingham J B, Umphress E E. Fairness from the Top: Perceived Procedural Justice and Collaborative Problem Solving in New Product Development [J]. Organization Science, 2007, 18 (2): 200 -216.

[182] Lin H C, Dang T T H, Liu Y S. CEO Transformational Leadership and Firm Performance: A Moderated Mediation Model of TMT Trust Climate and Environmental Dynamism [J]. Asia Pacific Journal of Management, 2016, 33 (4): 981 -1008.

[183] Lindell M K, Whitney D J. Accounting for Common Method Variance in Cross -sectional Research Designs [J]. Journal of Applied Psychology, 2001, 86 (1): 114 -121.

[184] Liu G, Shah R, Babakus E. When to Mass Customize: The Impact of Environmental Uncertainty [J]. Decision Sciences, 2012, 43 (5): 851 -887.

[185] Liu Y, Luo Y, Liu T. Governing Buyer - supplier Relationships Through Transactional and Relational Mechanisms: Evidence from China [J]. Journal of Operations Management, 2009, 27 (4): 294 -309.

[186] Lu L Y Y, Yang C. The R&D and Marketing Cooperation Across New Product Development Stages: An Empirical Study of Taiwan's IT Industry [J]. Industrial Marketing Management, 2004, 33 (7): 593 -605.

[187] Lumpkin G T, Dess G G. Linking Two Dimensions of Entrepreneurial Orientation to Firm Performance: The Moderating Role of Environment and Industry Life Cycle [J]. Journal of Business Venturing, 2001, 16 (5): 429 -451.

[188] Lumpkin G T, Lichtenstein B B. The Role of Organizational Learning in the Opportunity - recognition Process [J]. Entrepreneurship Theory & Practice, 2010, 29 (4): 451 -472.

[189] Mackenzie S B, Podsakoff P M, Jarvis C B. The Problem of Measurement Model Misspecification in Behavioral and Organizational Research and Some Recommended Solutions [J]. Journal of Applied Psychology, 2005, 90 (4): 710 -730.

[190] Magretta J. Why Business Models Matter [J]. Harvard Business Review, 2002, 80 (5): 86-93.

[191] Mahadevan B. Business Models for Internet-based E-commerce: An anatomy [J]. California Management Review, 2000, 42 (4): 55-69.

[192] Maine E, Soh P H, Santos N D. The Role of Entrepreneurial Decision-making in Opportunity Creation and Recognition [J]. Technovation, 2015, 39 (5/6): 53-72.

[193] Man T W Y. Developing a Behavior-Centered Model of Entrepreneurial Learning [J]. Journal of Small Business & Enterprise Development, 2012, 19 (3): 549-566.

[194] March J G, Simon H, Guetzkow H. Organizations [M]. John Wiley, 1958.

[195] March J G. Exploration and Exploitation in Organizational Learning [J]. Organization Science, 1991, 2 (1): 71-87.

[196] Markides C, Charitou C D. Competing with Dual Business Models: A Contingency Approach [J]. The Academy of Management Executive, 2004, 18 (3): 22-36.

[197] Martins L L, Rindova V P, Greenbaum B E. Unlocking the Hidden Value of Concepts: A Cognitive Approach to Business Model Innovation [J]. Strategic Entrepreneurship Journal, 2015, 9 (1): 99-117.

[198] Mason E S. Economic Concentration and Monopoly Problem [M]. Cambridge, MA: Harvard University Press, 1957.

[199] Mcgee J E, Dowling M, Megginson W L. Cooperative Strategy and New Venture Performance: The Role of Business Strategy and Management Experience [J]. Strategic Management Journal, 1995, 16 (7): 565-580.

[200] McGrath R G. Business Models: A Discovery Driven Approach [J]. Long Range Planning, 2010, 43 (2): 247-261.

[201] McMullen J S, Shepherd D A. Entrepreneurial Action and the Role of Uncertainty in the Theory of the Entrepreneur [J]. Academy of Management Review, 2006, 31 (1): 132-152.

[202] Miles R E, Miles G, Snow C C. Collaborative Entrepreneurship: A Business Model for Continuous Innovation [J]. Organizational Dynamics, 2006, 35 (1): 1 – 11.

[203] Miller D, Shamsie J. Strategic Responses to Three Kinds of Uncertainty: Product Line Simplicity at the Hollywood Film Studios [J]. Journal of Management, 1999, 25 (1): 97 – 116.

[204] Miller D. Relating Porter's Business Strategies to Environment and Structure: Analysis and Performance Implications [J]. Academy of Management Journal, 1988, 31 (2): 280 – 308.

[205] Miller K, McAdam M, McAdam R. The Changing University Business Model: A Stakeholder Perspective [J]. R&D Management, 2014, 44 (3): 265 – 287.

[206] Milliken F J. Perceiving and Interpreting Environmental Change: An Examination of College Administrators' Interpretation of Changing Demographics [J]. Academy of Management Journal, 1990, 33 (1): 42 – 63.

[207] Milliken F J. Three Types of Perceived Uncertainty about the Environment: State, Effect, and Response Uncertainty [J]. Academy of Management Review, 1987, 12 (1): 133 – 143.

[208] Minniti M, Bygrave W. A Dynamic Model of Entrepreneurial Learning [J]. Entrepreneurship Theory & Practice, 2001, 25 (3): 5 – 16.

[209] Mintzberg H. The Nature of Managerial Work [M]. Englewood Cliffs, NJ: Prentice – Hall, 1980.

[210] Morris M, Schindehutte M, Allen J. The Entrepreneur's Business Model: Toward a Unified Perspective [J]. Journal of Business Research, 2005, 58 (6): 726 – 735.

[211] Mumford M D, Costanza D P, Connelly M S. Item Generation Procedures and Background Data Scales: Implications for Construct and Criterion – related Validity [J]. Personal Psychology, 1996, 49 (2): 361 – 398.

[212] Nadler J, Thompson L, Boven L V. Learning Negotiation Skills: Four Models

of Knowledge Creation and Transfer [J]. Management Science, 2003, 49 (4): 529 – 540.

[213] Newkirk H E, Lederer A L. The Effectiveness of Strategic Information Systems Planning Under Environmental Uncertainty [J]. Information & Management, 2006, 43 (4): 481 – 501.

[214] Nosella A, Petroni G, Verbano C. Characteristics of the Italian Biotechnology Industry and New Business Models: The Initial Results of an Empirical Study [J]. Technovation, 2005, 25 (8): 841 – 855.

[215] Nummela N, Saarenketo S, Jokela P, et al. Strategic Decision – making of a Born Global: A Comparative Study from Three Small Open Economies [J]. Management International Review, 2014, 54 (4): 527 – 550.

[216] Nunnally J C. Psychometric Theory [M]. McGraw – Hill, 1978.

[217] Ojala A, Tyrväinen P. Business Models and Market Entry Mode Choice of Small Software Firms [J]. Journal of International Entrepreneurship, 2006, 4 (2 – 3): 69 – 81.

[218] Osterwalder A, Pigneur Y, Tucci C L. Clarifying Business Models: Origins, Present, and Future of the Concept [J]. Communications of the Association for Information Systems, 2005, 16 (16): 751 – 775.

[219] Osterwalder A, Pigneur Y. Business Model Generation [M]. Amsterdam: Privately Published, 2006.

[220] Ott T E, Eisenhardt K M, Bingham C B. Strategy Formation in Entrepreneurial Settings: Past Insights and Future Directions [J]. Strategic Entrepreneurship Journal, 2017, 11 (3): 306 – 325.

[221] Pagell M, Krause D R. Re – exploring the Relationship Between Flexibility and the External Environment [J]. Journal of Operations Management, 2004, 21 (6): 629 – 649.

[222] Parida V, George N M, Lahti T, et al. Influence of Subjective Interpretation, Causation, and Effectuation on Initial Venture Sale [J]. Journal of Business Research, 2016, 69 (11): 4815 – 4819.

[223] Perry J T, Chandler G N, Markova G. Entrepreneurial Effectuation: A Review and Suggestions for Future Research [J]. Entrepreneurship Theory & Practice, 2012, 36 (4): 837 – 861.

[224] Podsakoff P M, MacKenzie S B, Lee J Y, et al. Common Method Biases in Behavioral Research: A Critical Review of the Literature and Ecommended Remedies [J]. Journal of Applied Psychology, 2003, 88 (5): 879.

[225] Politis D. The Process of Entrepreneurial Learning: A Conceptual Framework [J]. Entrepreneurship Theory & Practice, 2005, 29 (4): 399 – 424.

[226] Porter M. Competitive Advantage: Creating and Sustaining Superior Performance [M]. New York: Free Press, 1985.

[227] Prahalad C K, Hamel G. The Core Competence of the Corporation [J]. Harvard Business Review, 1990, 68 (3): 79 – 87.

[228] Preacher K J, Rucker D D, Hayes A F. Addressing Moderated Mediation Hypotheses: Theory, Methods, and Prescriptions [J]. Multivariate Behavioral Research, 2007, 42 (1): 185 – 227.

[229] Preacher K J, Hayes A F. SPSS and SAS Procedures for Estimating Indirect Effects in Simple Mediation Models [J]. Behavior Research Methods, 2004, 36 (4): 717 – 731.

[230] Priem R L, Love L G, Shaffer M A. Executives' Perceptions of Uncertainty Sources: A Numerical Taxonomy and Underlying Dimensions [J]. Journal of Management, 2002, 28 (6): 725 – 746.

[231] Rae D. Entrepreneurial Learning: A Conceptual Framework for Technology – based Enterprise [J]. Technology Analysis & Strategic Management, 2006, 18 (1): 39 – 56.

[232] Ravasi D, Turati C. Exploring Entrepreneurial Learning: A Comparative Study of Technology Development Projects [J]. Journal of Business Venturing, 2005, 20 (1): 137 – 164.

[233] Read S, Dew N, Sarasvathy S D, et al. Marketing under Uncertainty: The Logic of an Effectual Approach [J]. Journal of Marketing, 2009a, 73 (3):

1-18.

[234] Read S, Sarasvathy S D. Knowing What to Do and Doing What You Know: Effectuation as a Form of Entrepreneurial Expertise [J]. Journal of Private Equity, 2005, 9 (1): 45-62.

[235] Read S, Song M, Smit W. A Meta-analytic Review of Effectuation and Venture Performance [J]. Journal of Business Venturing, 2009b, 24 (6): 573-587.

[236] Reymen I, Andries P, Berends H, et al. Understanding Dynamics of Strategic Decision Making in Venture Creation: A Process Study of Effectuation and Causation [J]. Strategic Entrepreneurship Journal, 2015, 9 (4): 351-379.

[237] Reymen I, Berends H, Oudehand R, et al. Decision Making for Business Model Development: A Process Study of Effectuation and Causation in New Technology-based Ventures [J]. R&D Management, 2017, 47 (4): 595-606.

[238] Roach D C, Ryman J A, Makani J. Effectuation, Innovation and Performance in SMEs: An Empirical Study [J]. European Journal of Innovation Management, 2016, 19 (2): 214-238.

[239] Robertson T S, Gatignon H. Technology Development Mode: A Transaction Cost Conceptualization [J]. Strategic Management Journal, 1998, 19 (6): 515-531.

[240] Ruiz-Ortega M J, Parra-Requena G, Rodrigo-Alarcón J, et al. Environmental Dynamism and Entrepreneurial Orientation: The Moderating Role of Firm's Capabilities [J]. Journal of Organizational Change Management, 2013, 26 (3): 475-493.

[241] Sabatier V, Craig-Kennard A, Mangematin V. When Technological Discontinuities and Disruptive Business Models Challenge Dominant Industry Logics: Insights From the Drugs Industry [J]. Technological Forecasting and Social Change, 2012, 79 (5): 949-962.

[242] Sarasvathy D K, Simon H A, Lave L. Perceiving and Managing Business

Risks: Differences Between Entrepreneurs and Bankers [J]. Journal of Economic Behavior & Organization, 1998, 33 (2): 207 - 225.

[243] Sarasvathy S D, Dew N, Read S, et al. Designing Organizations That Design Environments: Lessons from Entrepreneurial Expertise [J]. Organization Studies, 2008, 29 (3): 331 - 350.

[244] Sarasvathy S D, Dew N. Entrepreneurial Logics for a Technology of Foolishness [J]. Scandinavian Journal of Management, 2005, 21 (4): 385 - 406.

[245] Sarasvathy S D. Causation and Effectuation: Toward a Theoretical Shift Drom Economic Inevitability to Entrepreneurial Contingency [J]. Academy of Management Review, 2001, 26 (2): 243 - 263.

[246] Sardana D, Scott - Kemmis D. Who Learns What? A Study Based on Entrepreneurs from Biotechnology New Ventures [J]. Journal of Small Business Management, 2010, 48 (3): 441 - 468.

[247] Sawyerr O O, McGee J, Peterson M. Perceived Uncertainty and Firm Performance in SMEs: The Role of Oersonal Networking Activities [J]. International Small Business Journal, 2003, 21 (3): 269 - 290.

[248] Schilling M A, Vidal P, Ployhart R E, et al. Learning by Doing Something Else: Variation, Relatedness, and the Learning Curve [J]. Management Science, 2003, 49 (1): 39 - 56.

[249] Schneckenberg D, Velamuri V K, Comberg C, et al. Business Model Innovation and Decision Making: Uncovering Mechanisms for Coping with Uncertainty [J]. R&D Management, 2017, 47 (3): 404 - 419.

[250] Schneider S, Spieth P. Business Model Innovation: Towards an Integrated Future Research Agenda [J]. International Journal of Innovation Management, 2013, 17 (1): 1 - 34.

[251] Schumpeter J. The Theory of Economic Development [M]. Cambridge, MA: Harvard University Press, 1934.

[252] Shane S. Prior Knowledge and the Discovery of Entrepreneurial Opportunities [J]. Organization Science, 2000, 11 (4): 448 - 469.

[253] Sheng S, Zhou K Z, Li J J. The Effects of Business and Political Ties on Firm Performance: Evidence From China [J]. Journal of Marketing, 2011, 75(1): 1 – 15.

[254] Shrivastava P. A Typology of Organizational Learning Systems [J]. Journal of Management Studies, 1983, 20 (1): 7 – 28.

[255] Simerly R L, Li M. Environmental Dynamism, Capital Structure and Performance: A Theoretical Integration and an Empirical Test [J]. Strategic Management Journal, 2000, 21 (1): 31 – 49.

[256] Sitoh M K, Pan S L, Yu C Y. Business Models and Tactics in New Product Creation: The Interplay of Effectuation and Causation Processes [J]. IEEE Transactions on Engineering Management, 2014, 61 (2): 213 – 224.

[257] Slater S F, Narver J C. Market Orientation and the Learning Organization [J]. Journal of Marketing, 1995, 59 (3): 63 – 74.

[258] Smith W K, Binns A, Tushman M L. Complex Business Models: Managing Strategic Paradoxes Simultaneously [J]. Long Range Planning, 2010, 43 (2): 448 – 461.

[259] Smolka K M, Verheul I, Burmeister – Lamp K, et al. Get it Together! Synergistic Effects of Causal and Effectual Decision – making Logics on Venture Performance [J]. Entrepreneurship Theory and Practice, 2016.

[260] Song M, Droge C, Hanvanich S, et al. Marketing and Technology Resource Complementarity: An Analysis of Their Interaction Effect in Two Environmental Contexts [J]. Strategic Management Journal, 2005, 26 (3): 259 – 276.

[261] Sosna M, Trevinyo – Rodríguez R N, Velamuri S R. Business Model Innovation Through Trial – and – error Learning: The Naturhouse Case [J]. Long Range Planning, 2010, 43 (2): 383 – 407.

[262] Stevenson H H, Gumpert D E. The Heart of Entrepreneurship [J]. Harvard Business Review, 1985, 63 (2): 85 – 94.

[263] Suarez F F, Cusumano M A, Kahl S J. Services and the Business Models of Product Firms: An Empirical Analysis of the Software Industry [J]. Manage-

ment Science, 2013, 59 (2): 420 – 435.

[264] Swamidass P M, Newell W T. Manufacturing Strategy, Environmental Uncertainty and Performance: A Path Analytic Model [J]. Management Science, 1987, 33 (4): 509 – 524.

[265] Teece D J, Pisano G, Shuen A. Dynamic Capabilities and Strategic Management [J]. Strategic Management Journal, 1997, 18 (7): 509 – 533.

[266] Teece D J. Business Models, Business Strategy and Innovation [J]. Long Range Planning, 2010, 43 (2): 172 – 194.

[267] Thompson J D. Organization in Action [M]. New York: McGraw – Hill, 1967.

[268] Timmers P. Business Models for Electronic Markets [J]. Electronic Markets, 1998, 8 (2): 3 – 8.

[269] Tung R L. Dimensions of Organizational Environments: An Exploratory Study of Their Impact on Organization Structure [J]. Academy of Management Journal, 1979, 22 (4): 672 – 693.

[270] Tuschke A, Hernandez E. Whose Experience Matters in the Boardroom? The Effects of Experiential and Vicarious Learning on Emerging Market Entry [J]. Strategic Management Journal, 2014, 35 (3): 398 – 418.

[271] Tushman M L, Nadler D A. Information Processing as an Integrating Concept in Organizational Design [J]. Academy of Management Review, 1978, 3 (3): 613 – 624.

[272] Velu C, Jacob A. Business Model Innovation and Owner – managers: The Moderating Role of Competition [J]. R&D Management, 2016, 46 (3): 328 – 335.

[273] Voss G B, Voss Z G. Strategic Orientation and Firm Performance in an Artistic Environment [J]. Journal of Marketing, 2000, 64 (1): 67 – 83.

[274] Waldman D A, Ramirez G G, House R J, et al. Does Leadership Matter? CEO Leadership Attributes and Profitability under Conditions of Perceived Environmental Uncertainty [J]. Academy of Management Journal, 2001, 44 (1): 134 –

143.

[275] Wang C L, Chugh H. Entrepreneurial Learning: Past Research and Future Challenges [J]. International Journal of Management Reviews, 2014, 16 (1): 24–61.

[276] Wei Z L, Yang D, Sun B, et al. The Fit Between Technological Innovation and Business Model Design for firm Growth: Evidence from China [J]. R&D Management, 2014, 44 (3): 288–305.

[277] Welter C, Mauer R, Wuebker R J. Bridging Behavioral Models and Theoretical Concepts: Effectuation and Bricolage in the Opportunity Creation Framework [J]. Strategic Entrepreneurship Journal, 2016, 10 (1): 5–20.

[278] Werhahn D, Mauer R, Flatten T C, et al. Validating Effectual Orientation as Strategic Direction in the Corporate Context [J]. European Management Journal, 2015, 33 (5): 305–313.

[279] Willemstein L, Valk T V D, Meeus M T H. Dynamics in Business Models: An Empirical Analysis of Medical Biotechnology Firms in the Netherlands [J]. Technovation, 2007, 27 (4): 221–232.

[280] Wiltbank R, Dew N, Read S, et al. What to Do Next? The Case for Mon-predictive Strategy [J]. Strategic Management Journal, 2006, 27 (10): 981–998.

[281] Wiltbank R, Read S, Dew N, et al. Prediction and Control under Uncertainty: Outcomes in Angel Investing [J]. Journal of Business Venturing, 2009, 24 (2): 116–133.

[282] Wirtz B W, Schilke O, Ullrich S. Strategic Development of Business Models: Implications of the Web 2.0 for Creating Value on the Internet [J]. Long Range Planning, 2010, 43 (2): 272–290.

[283] Wood R, Bandura A. Social Cognitive Theory of Organizational Management [J]. Academy of Management Review, 1989, 14 (3): 361–384.

[284] Workman J P. Marketing's Limited Role in New Product Development in One Computer Systems Firm [J]. Journal of Marketing Research, 1993, 30 (4):

405 – 421.

[285] Wu L Y. Applicability of the Resource – based and Dynamic – capability Views under Environmental Volatility [J]. Journal of Business Research, 2010, 63 (1): 27 – 31.

[286] Yli – Renko H, Autio E, Sapienza H J. Social Capital, Knowledge Acquisition, and Knowledge Exploitation in Young Technology – based Firms [J]. Strategic Management Journal, 2001, 22 (7): 587 – 613.

[287] Young J E, Sexton D L. What Makes Entrepreneurs Learn and How Do They Do it [J]. Journal of Entrepreneurship, 2003, 12 (2): 155 – 182.

[288] Zahra S A, George G. Absorptive Capacity: A Review, Reconceptualization, and Extension [J]. Academy of Management Review, 2002, 27 (2): 185 – 203.

[289] Zahra S A, Nielsen A P, Bogner W C. Corporate Entrepreneurship, Knowledge, and Competence Development [J]. Entrepreneurship: Theory and Practice, 1999, 23 (3): 169 – 189.

[290] Zhao Y, Li Y, Lee S H, et al. Entrepreneurial Orientation, Organizational Learning, and Performance: Evidence from China [J]. Entrepreneurship Theory & Practice, 2011, 35 (2): 293 – 317.

[291] Zhou K Z, Chi K Y, Tse D K. The Effects of Strategic Orientations on Technology – and Market – based Breakthrough Innovations [J]. Journal of Marketing, 2005, 69 (2): 42 – 60.

[292] Zhou K Z, Li C B. How Strategic Orientations Influence the Building of Dynamic Capability in Emerging Economies [J]. Journal of Business Research, 2010, 63 (3): 224 – 231.

[293] Zott C, Amit R, Massa L. The Business Model: Recent Developments and Future Research [J]. Journal of Management, 2011, 37 (4): 1019 – 1042.

[294] Zott C, Amit R. Business Model Design and the Performance of EntrEpreneurial Firms [J]. Organization Science, 2007, 18 (2): 181 – 199.

[295] Zott C, Amit R. Business Model Design: An Activity System Perspective [J].

Long Range Planning, 2010, 43 (2): 216-226.

[296] Zott C, Amit R. The Fit Between Product Market Strategy and Business Model: Implications for Firm Performance [J]. Strategic Management Journal, 2008, 29 (1): 1-26.

后 记

本书是国家自然科学基金面上项目"创业经验、连续创业能力与创业绩效的关系研究"（项目号：71372165）的研究成果之一，也是我博士学位论文的修订稿。从博士论文的选题、定稿到现在的成书，历时将近六年。回首六年前，初入西安交通大学，对于读书治学，可谓懵懂无知。从以前的无知无畏到现在的如履薄冰，这虽不能说是人生中的一次蜕变，但其中的经历和学到的知识确实会影响我的一生。

2013年9月，我考入西安交通大学管理学院工商管理专业，9月12日开学报到那天是我刚生完二胎宝宝的第四天。为了能顺利报到，不耽误学业，家人从500公里以外的老家驱车送我赶到学校，当天手续办好又赶回老家，满月以后又匆忙赶回学校上课。记得初回学校时，我就受到了导师赵文红教授的特别关怀和照顾，这让我对赵老师既充满感激，又充满敬仰。赵老师待人温和，贤惠慈悲，但对学生的学业从不放松，每周一次的师门讨论会从不缺席，是她引领我进入创业研究的学术领域。本书的大部分内容就是在赵老师的指导下完成的，她的帮助、引导、鼓励和垂范，使我有了浓厚的学术兴趣、正确的研究方法、稳定的研究方向以及愉悦的学习环境。可以说，本书凝结着赵老师的心血与智慧，学生在此向恩师致以诚挚的谢意！

记得博士生涯第一节专业课是原长弘教授讲的《经济理论前沿》，刚上了半节课，我就被老师流利的英语、专业的素养和渊博的知识所折服，更加坚定信念一定要在这座高等学府里好好学习。随后，我又主修了《管理论前沿》《管理研究方法论》《管理哲学》等专业课，有幸接触到李怀祖教授、魏泽龙教授、弋亚群教授、杨建君教授、郭菊娥教授、江旭教授等其他师长,对于他们砥砺治学、严谨务实的精神仰之弥高。

尤其让我感动的是,李怀祖教授虽年近九十,但依然花了一个星期通读了我的博士论文初稿,从宏观的选题立意和模型构建到微观的假设提出、格式规范、摘要和创新点的凝练等方面反复对我悉心指导。在此向李教授表示衷心的感谢!尤其让我难忘的是,当我在科研之路上迷茫的时候,魏泽龙教授总能四两拨千斤地解答我的困惑。博士论文从框架搭建、撰写修改到最终成稿,魏老师也给予了悉心的指导。魏老师在创新和创业领域取得了令人羡慕的研究成果,在感激魏老师的同时,也对他充满了敬佩。

还要感谢我亲切的师兄、师弟和师妹:孙万清、张文伟、李颖、杨特、薛朝阳、徐洁、武镇、吕斯尧、李怡欣、邬旭晗、任叶瑶等,还有我的好朋友李洁博士。感谢你们在学习过程中给予我的鼓励和帮助,感谢你们在生活上给予我的关心和支持,使我的博士生活变得丰富多彩。

我还要特别感谢我的家人。多年求学历程中,虽与父母分隔在不同的城市,但双亲的关爱始终伴我左右,父亲额头不断增加的白发,母亲电话中无数次耐心的叮咛,都让我时刻感受到他们的殷切关怀。"谁言寸草心,报得三春晖",作为女儿,只能以点滴的进步和成熟,作为微薄的回报。感谢爱人赵飞,在我读博期间,替我承担了所有的家庭重担,我愿"执子之手,与子偕老"。提到家人,还不得不提及我的两个宝贝孩子,从他们出生到我博士毕业,我几乎没有照顾过他们,如今他们都已六七岁了。对于他们两人,我的内心充满愧疚。在以后的生命中,唯有通过加倍的陪伴来弥补内心的愧疚。

2018年底毕业至今,我一直任教于郑州航空工业管理学院商学院。感谢学院对本书的出版资助。最后,还要感谢众多师长、同窗、同事、朋友和家人,你们精神上对我的支持和生活上对我的关心,是我未来在教学和科研路上不断奋进的最大动力。

在前进之路上,唯有心怀感恩,继续努力,才能用实际行动报答所有给予我帮助的人!

王玲玲

2019年9月19日